BIBLIOTHÈQUE
DE
L'HORTICULTEUR ET DE L'AMATEUR DE JARDINAGE

LES
ANANAS
A FRUIT COMESTIBLE

LEUR CULTURE ACTUELLE

COMPARÉE A

L'ANCIENNE CULTURE

SUIVI D'UNE

NOTICE SUR LA CULTURE FORCÉE DU FRAISIER

PAR

GONTIER

HORTICULTEUR

Membre de la Société impériale et centrale d'horticulture de France
de la Société zoologique d'acclimatation
de la Société impériale et centrale d'horticulture
de la Seine-Inférieure

PARIS
LIBRAIRIE D'HORTICULTURE DE E. DONNAUD
9, RUE CASSETTE, 9

LES ANANAS

A FRUIT COMESTIBLE.

PARIS. — IMPRIMERIE HORTICOLE DE E. DONNAUD
RUE CASSETTE, 9.

LES
ANANAS
A FRUIT COMESTIBLE
LEUR CULTURE ACTUELLE
COMPARÉE A
L'ANCIENNE CULTURE

SUIVIE D'UNE

NOTICE SUR LA CULTURE FORCÉE DU FRAISIER

PAR

GONTIER

HORTICULTEUR

Membre de la Société impériale et centrale d'horticulture de France
de la Société zoologique d'acclimatation
de la Société impériale et centrale d'horticulture
de la Seine-Inférieure

PARIS
LIBRAIRIE D'HORTICULTURE DE E. DONNAUD
9, RUE CASSETTE, 9

1867

LES ANANAS

A FRUIT COMESTIBLE.

BROMELIA ANANAS, — *famille des* BROMÉ-
LIACÉES.

DESCRIPTION.

L'Ananas est une plante grasse, rustique, d'une substance charnue et filamenteuse plus ou moins succulente dans toutes ses parties. Sa tige, grosse et courte jusqu'à l'époque de la fructification, est entourée d'une grande quantité de feuilles, disposées en gouttières, et dont la longueur, la forme et la couleur diffèrent suivant les variétés. Longues de $0^m 50$ à $1^m 50$, elles sont bordées ou non d'épines, quelquefois bifurquées, et leur couleur d'un vert plus ou moins foncé, prend, dans certaines espèces, la teinte rouge violacé. Au moment de la fructification, le cœur de la plante s'élève et développe une tige de $0^m 30$ à $0^m 60$ de hauteur, qui se termine par un épi formé d'un certain nombre de fleurs bleues ou violettes. A ces fleurs succèdent des baies, jaunes, rouges ou violettes, qui sont soudées autour de la tige et séparées les unes des autres par une petite feuille ou bractée, bordée ou non de petites épines. Ces baies disposées en spirales forment par leur réunion un fruit sphérique, cylindrique ou pyramidal, suivant les variétés ou l'époque de la fructification, et dont la tige se prolongeant dans l'intérieur vient s'épanouir au sommet en un faisceau de feuilles que l'on nomme couronne.

ORIGINE.

On ne sait pas à laquelle des deux Indes nous devons l'Ananas ou même s'il n'est pas indigène à la fois de ces deux parties du monde. Selon le naturaliste hollandais Pison qui, au commencement du XVIIe siècle, suivit le prince de Nassau au Brésil avec son compagnon Margraff, les Portugais le découvrirent au Brésil et le transportèrent de là aux grandes Indes. D'autres naturalistes du siècle dernier prétendent au contraire qu'il est originaire des grandes Indes, d'où il a été transporté dans le Nouveau-Monde, comme le Tamarin, le Goyavier, etc. : je dois dire cependant que l'opinion la plus généralement admise lui assigne les Antilles pour patrie.

Cette plante est cultivée abondamment dans toutes les régions équinoxiales des deux mondes. L'Ananas est une espèce terrestre de la famille des Broméliacées; elle aime les lieux chauds et humides, elle ne s'élève jamais sur les montagnes. Elle prospère si bien dans les régions où elle se plaît, qu'elle semble y être devenue tout à fait indigène. Les semis et les graines échappés de la culture ont fourni une foule de variétés dont il sera question à leur article.

Il n'y a guère plus d'un siècle que les Ananas sont cultivés en Europe pour l'usage des tables somptueuses, et on raconte que les deux premiers fruits qui aient mûri sous notre climat furent servis sur la table du roi Louis XV.

CHOIX DES VARIÉTÉS.

M'étant adonné spécialement à la culture de cette plante, j'ai reconnu, après une persévérante et soigneuse étude, la possibilité de rendre sa culture plus simple et plus pratique pour les amateurs, tout en lui donnant plus d'efficacité pour la production des fruits. Dans ce but, j'ai dû faire de grands sacrifices pour me procurer toutes les variétés déjà connues en Europe, et faire venir des différentes contrées où croît l'Ananas tout ce que j'ai pu acquérir de plantes et de graines de ce genre. En faisant une semblable collection, j'avais l'intention bien arrêtée de faire un choix des meilleures variétés, tant sous le rapport de la grosseur et de la qualité des fruits, que sous celui de l'époque particulière de leur floraison, et surtout de leur culture plus facile.

Soutenu par la ferme volonté d'obtenir tout ce qu'il y avait de mieux dans ce genre de plantes, je suis parvenu à en réunir une collection qui dépassait cent variétés, mais, hélas! que de déboires! Il fallait s'y attendre, car c'est le sort habituel des collectionneurs, et après avoir opéré par éliminations successives, j'ai dû m'arrêter à un choix même assez restreint des meilleures variétés. Ce sont ces variétés dont je conseille la culture que j'indiquerai plus loin, en attribuant à chacune d'elles les qualités qui les rendent recommandables.

MODE DE DÉVELOPPEMENT.

En créant cette plante grasse pour les climats chauds et même secs, la nature l'a douée de la propriété de pouvoir vivre très-longtemps sans être plantée, et de ne pas périr sous l'influence d'une température brûlante et sèche, bien que ses racines soient privées d'humidité naturelle ou d'arrosements. L'explication de ce fait est donnée par l'examen même de la plante; en effet, ses feuilles en gouttières montrent bien qu'elles ont été ainsi disposées par le créateur pour recevoir et condenser les rosées abondantes qui se produisent le matin dans certains pays chauds, et pour les conduire jusqu'aux racines. Un Ananas qui aurait perdu toutes ses racines par la sécheresse du sol, par un accident quelconque ou par suite d'une mauvaise culture, pourrait encore vivre très-longtemps par la seule condensation des rosées sur le sol de sa contrée native, ou par les bassinages usités dans nos cultures.

Si l'on examine une plante d'Ananas qui se trouve dans ces mauvaises conditions, et que l'on dégage sa tige de quelques-unes des feuilles qui l'engaînent, on remarque des racines qui se sont développées dans les aisselles de ces feuilles, et qui, contournées autour de la tige, ont fini quelquefois par atteindre le sol. Ce sont ces racines qui nourrissent la plante, alimentées qu'elles sont par les rosées condensées, les petites pluies ou les bassinages que les feuilles leur font parvenir. Une plante dans cet état doit être immédiatement arrachée et replantée.

OPINIONS ERRONÉES DES ANCIENS HORTICULTEURS.

On considérait autrefois la culture des Ananas comme une culture très-difficile, aussi était-elle peu répandue. On cultivait cette plante dans une température trop sèche, on lui mesurait en quelque sorte l'eau qu'on lui donnait, tandis qu'elle aime au contraire à vivre dans une température chaude à la vérité, mais humide. On peut juger de l'erreur dans laquelle étaient les horticulteurs qui professaient ces idées, quand on voit les racines d'une couronne d'Ananas ou d'un œilleton placé sur une carafe pleine d'eau se développer dans la haute serre chaude.

EXAMEN CRITIQUE DE L'ANCIENNE CULTURE.

J'ai entrepris la culture des Ananas en 1819. A cette époque il y avait encore des jardiniers qui, pour hiverner leurs jeunes Ananas, les arrachaient à l'automne et les suspendaient par les racines dans la serre chaude, en ayant soin de les placer dans la partie la plus voisine des fourneaux ou poêles, afin de les préserver de l'humidité. Dans ces conditions, si les plantes ne périssaient pas, elles perdaient au moins une partie des feuilles de la base, et devenaient très-dures par le dessèchement. Il fallait plus tard beaucoup de temps pour les rattendrir, et opérer leur reprise et les ramener à la végétation ; on perdait ainsi chaque année au moins un tiers des résultats obtenus en été.

On croyait aussi à cette époque que trois ou

quatre années étaient nécessaires pour obtenir de petits fruits de mauvaise qualité, tandis que l'on en obtient aujourd'hui de très-gros et d'excellents en dix-huit mois ou deux ans. Cependant il survient quelquefois un retard dans la fructification chez quelques Ananas, alors ils ne mûrissent que dans le courant de la troisième année. Dans nos cultures nous ne tenons aucun compte de l'âge de la plante, mais nous nous attachons à lui faire atteindre promptement son grand développement, c'est-à-dire la production du fruit, but général que la nature a posé pour tous les corps organisés.

MISE A CUL NU.

Dans l'ancien système les progrès de la plante étaient d'autant plus retardés, qu'on ne la cultivait guère qu'en pots et qu'on lui faisait subir chaque année une opération qu'on appelait *mettre les Ananas à cul nu*. Cette opération avait sa raison d'être et était nécessaire, car la plante qui avait végété en pot toute une année, avec un ou deux rempotages, mais sans renouvellement de la terre contenue dans le premier vase, avait développé et perdu successivement à peu de chose près toutes les racines qui étaient sorties de la partie de la tige dénudée de feuilles et enterrée. Il était donc indispensable de dénuder une autre portion de cette tige pour faciliter le développement de nouvelles racines.

Dans la culture actuelle que j'indiquerai plus loin, nous pratiquons quelquefois encore cette opération, mais d'une tout autre manière. Autrefois, on croyait qu'il était nécessaire de faire sécher, même pendant deux ou trois jours, le talon des plantes qu'on avait préalablement habillées (1). Cette opération ainsi exécutée est en contradiction formelle avec les lois de la nature, on peut dire même qu'elle est pernicieuse. Voici en effet ce que

---

(1) En termes horticoles, *habiller* une plante, consiste à secouer toute la terre qui lui est attachée, à supprimer toutes les racines, à dénuder de ses feuilles une partie de la tige, et à en couper net une autre portion.

l'on observe dans une plante à laquelle on vient de retirer quelques feuilles à la base, je dis quelques feuilles, car on ne saurait en préciser le nombre, celui-ci dépendant absolument de l'état de la plante. On trouve à l'aisselle de chacune de ces feuilles ces jeunes racines que j'ai indiquées plus haut, et qui sont contournées autour de la tige. Elles sont, pour la majeure partie, en pleine vigueur, et souvent même la plante en a développé tout ce qu'elle pouvait en produire. En continuant de détacher des feuilles, on remarque que ces racines sont de moins en moins développées, et l'on finit même par ne plus voir que le point qui marque la naissance de chacune d'elles. Après cet examen, le praticien intelligent doit comprendre combien la pratique de cette opération est préjudiciable à la reprise de la plante, puisque celle-ci a perdu par le dessèchement sa meilleure partie de vitalité, qui devait contribuer à sa prompte reprise. Est-il rationnel d'exposer à l'air la partie du tronc d'une plante sur lequel on voit des racines déjà développées et d'autres à l'état naissant, qui doivent puiser dans le sol la majeure partie des éléments nécessaires à leur accroissement? Je ne le crois pas, et d'ailleurs la chose est évidente. La suppression des feuilles à la base de la plante occasionne toujours une blessure, très-légère il est vrai, aux endroits où se trouvent des racines développées et comprimées dans les aisselles de ces feuilles, car celles-ci ont fini leur évolution végétative et se détachent, pour ainsi dire, d'elles-mêmes, mais bien plus considérables quand on remonte plus haut, et bien plus graves enfin quand on opère la section d'une partie du talon.

FUNESTE EFFET DU DESSÉCHEMENT.

En examinant une plante réduite à cet état, et qui est restée exposée deux ou trois jours à l'air, on remarque d'abord le ramollissement des feuilles, de celles principalement du premier rang de la base, ainsi que celui de la tige sur les points où a été faite la suppression des dernières feuilles. Cette partie du tronc qui reste à nu est par conséquent la plus tendre, et elle est retirée ou ridée plus ou moins, suivant l'étendue plus ou moins grande de la blessure. Celle-ci même, dans certaines espèces, est augmentée par la présence d'œilletons qu'on est obligé de supprimer, et alors la plaie présente, à la partie du tronc où a été faite la section, une surface retirée et sillonnée d'une quantité de gerçures ou fentes, occasionnées par le desséchement, et qui quelques-unes ont parfois de cinq à six millimètres de profondeur. Toutes ces blessures desséchées paraissaient de peu d'importance aux yeux de l'ancien horticulteur, il les considérait, au contraire, comme nécessaires; aussi ne plantait-il ses Ananas que dans de la terre presque sèche, afin de ne pas amener l'aggravation des blessures occasionnées par le desséchement. Dans ces conditions la reprise était fort longue, et souvent même les plantes étaient complétement perdues. Au reste l'épreuve est facile à faire et cela en fort peu de temps. Il suffit, en effet, de prendre deux plantes jouissant d'une même vigueur, l'une arrachée et habillée trois jours à l'avance, l'autre arrachée immédiatement, et les planter simultanément dans les mêmes conditions de terrain et de température. Si on les retire de terre au bout de quatre jours, on trouvera le talon de celle qui a été plantée sans être desséchée parfaitement sain et disposé à émettre des racines, tandis que toutes les parties blessées et desséchées de l'autre seront couvertes de moisissures, ressemblant beaucoup à un commencement de décomposition. Il faudra donc, pour que la reprise s'opère, que toutes les parties endommagées se cicatrisent. Il ne faut pas oublier que toutes racines anéanties par le dessèchement constituent une perte tout à fait gratuite, et qu'en agissant ainsi on aura non-seulement perdu toutes les racines développées, mais encore compromis toutes celles qui étaient à découvert, à l'état de mamelons dont la pointe est excessivement tendre, et auxquelles il ne restera plus aucune propriété végétative.

On voit donc que le desséchement entraîne souvent pour la plante l'impossibilité de la reprise; si celle-ci a perdu tout ce qu'elle avait de dispositions à émettre des racines sur la partie du tronc dénudée de feuilles, elle restera languissante et on ne pourra espérer sa reprise que lorsqu'une ou plusieurs des feuilles de la base, venant à se pourrir ou à se dessécher, laisseront à découvert sur la tige, dont elles se seront détachées, de nouvelles racines à l'état naissant.

J'ai dit plus haut que nous pratiquions encore dans nos cultures l'opération de la mise à cul nu; cette opération en effet est toujours bonne et nécessaire dans certaines circonstances. Ainsi elle est en usage pour les plantes dépourvues de racines dont les œilletons et les couronnes servent à la reproduction., quelquefois même pour des plantes vigoureuses qui ont trompé notre attente, et pour celles enfin que nous gardons en pot, en vue des expéditions d'hiver pour les besoins du commerce. Mais au lieu de les laisser se dessécher, nous avons le soin de les replanter aussitôt après l'arrachement, et nous obtenons par ce moyen, même en toutes saisons, une reprise prompte et certaine.

STRUCTURE.

L'Ananas, par son organisation naturelle, n'a, on peut le dire, qu'un nombre déterminé de racines, et on peut s'en convaincre facilement; il suffit, pour cela, après avoir dépouillé de toutes ses feuilles une tige d'Ananas qui n'a pas encore porté de fruits, de fendre cette tige en deux parties suivant une section longitudinale avec un tranchant bien affilé, et l'on trouvera au centre une partie charnue très-tendre qui n'est cependant pas ce qu'on nomme moelle. Si l'on distrait du tronc cette partie qui forme à peu près les deux tiers de son diamètre, on aperçoit la naissance de toutes les racines. Celles-ci traversent ensuite une couche charnue et filamenteuse à laquelle elles adhèrent, d'une nature beaucoup plus solide, et qui, sous forme d'étui, constitue la forme de la tige. Toutes les racines dont on peut voir les points d'origine, en enlevant avec précaution les parties tendres des deux couches concentriques du tronc, sont appelées, pour la majeure partie, à se développer, lorsque les circonstances sont favorables ; or donc lorsque cette partie du tronc dénudée de ses feuilles a perdu toutes les racines, on voit qu'il est nécessaire de supprimer des feuilles à la base pour faciliter le développement des nouvelles racines, car il ne faut pas compter sur celles qui n'auraient pas commencé de paraître, elles ont perdu leurs propriétés végétatives.

RACINES, LEUR FORME.

La racine de l'Ananas ne se bifurque que

très-rarement, surtout si elle ne rencontre pas d'obstacle; de grosseur égale dans toute son étendue, elle a une longueur variable, qui peut atteindre jusqu'à deux metres, comme je l'ai observé dans la culture en pleine terre, sur planche. Elle porte, à des distances très-rapprochées, de petites radicelles longues au plus de cinq centimètres, et sa surface est entièrement couverte de poils ou suçoirs, très-fins, très-serrés, de un à cinq millimètres de longueur. Cette disposition permet aux racines de s'attacher aux parties du sol qui contiennent beaucoup d'humus, et d'y puiser cette nourriture qu'elles déversent dans le réservoir commun, c'est-à-dire dans cette portion du tronc où viennent aboutir toutes les racines, qui donne naissance à toutes les feuilles et d'où s'élance la tige succulente dans la partie où se forme le fruit, pour se terminer par la couronne.

ANANAS, PLANTES D'ORNEMENT.

Ainsi que je l'ai dit en commençant, je regarde l'Ananas comme une plante rustique, et pense qu'il pourrait, sous notre climat, passer à l'air libre nos trois meilleurs mois d'été. Considérée au seul point de vue de l'agrément, cette plante, d'un beau port, peut servir en hiver à orner l'intérieur des appartements, où elle produirait un bel effet dans un groupe, principalement les variétés à feuilles rayées de différentes couleurs. En été, on pourrait l'employer pour l'ornementation des jardins d'agrément, on en ferait un beau massif de roseaux qui produirait un aspect charmant pendant la majeure partie de la saison. Dans ce cas, les frais à faire ne seraient autres que le sacrifice des plantes, et l'établissement d'une couche sourde, disposée suivant la forme que devrait avoir le massif. Celui-ci, dans les meilleures conditions, devrait être bombé, et pour obtenir, dans toutes les parties, une épaisseur uniforme de la couche, il est important que le sol sur lequel elle repose partage sa forme, c'est-à-dire celle du massif. Cette couche, qu'on aura soin d'établir dans une position abritée, devra se composer de matériaux pouvant donner lieu à une longue fermentation. Mais la production des fruits étant le but principal que je me propose dans cette étude, je ne m'étendrai pas davantage sur cette question accessoire d'ornementation.

REPRODUCTION ET MULTIPLICATION DES ANANAS.

Les Ananas se reproduisent par semences et se multiplient par œilletons, couronnes et collerettes.

SEMENCES.

On ne doit les multiplier par semences que lorsqu'on veut obtenir de nouvelles variétés, et je sais trop ce qu'il en coûte pour conseiller ce moyen de reproduction, très-long d'abord et d'ailleurs très-coûteux, vu les médiocres probabilités de réussite, surtout avec des graines provenant de leurs pays natifs. J'ai semé des graines d'Ananas de plusieurs provenances, elles m'ont donné toutes un grand nombre de variétés, plus ou moins sauvages, à feuilles ayant des dispositions très-variables et des couleurs différentes ; les unes étaient sans épines, et d'autres en avaient de si longues, qu'elles en étaient inabordables. Dans tous les cas, cependant, j'ai obtenu des fruits de tous, différents par leurs formes, leurs couleurs et leur saveur, mais qui, en somme, n'étaient pas assez méritants pour que je dusse les conserver dans ma collection.

Dans nos cultures, les Ananas nous donnent généralement peu de graines, j'en ai cependant récolté et semé qui m'ont donné certaines variétés, que j'ai placées dans ma collection de réserve.

Les graines récoltées sous notre climat fournissent beaucoup moins de variétés que celles qui viennent des îles, et cela se conçoit, car nos cultures, si considérables qu'elles puissent être, ne le sont pas assez pourtant pour donner un grand nombre de variétés simultanément en fleurs, d'autant plus que chacune d'elles fleurissant à une époque particulière de l'année, peut se trouver seule dans cet état. A cette cause, qui empêche la production de variétés, il faut en ajouter une autre non moins importante, à savoir : qu'on ne peut obtenir de graines que des fruits qui fleurissent au moment de nos grandes chaleurs, par la raison bien simple que c'est seulement à cette époque que les fleurs peuvent être complètes. Pour tous ces motifs, on voit qu'il ne faut guère compter sur les semences pour la multiplication des Ananas, et qu'il est utile, pour cela, de recourir à d'autres moyens.

ŒILLETONS ET COURONNES.

Ces moyens consistent dans l'emploi des œilletons et des couronnes, mais ils ne sont pas de même valeur. Dans certaines variétés, à force égale, l'œilleton vaut la couronne, et c'est sur la grosseur du tronc ou tige que j'établis cette comparaison. Ainsi, pour moi, un gros œilleton doit être préféré à une petite couronne, comme une grosse couronne doit l'être à un petit œilleton. Toutefois, dans les variétés qui ont la propriété de développer beaucoup d'œilletons, il sera bon de suivre une autre indication; dans les trois variétés suivantes, par exemple, l'Ananas de la Martinique vulgairement connu sous le nom de *commun*, l'Ananas de Montserrat et l'Ananas Princesse de Russie, je préfère me servir des œilletons, parce que ces variétés développent en œilletons tous les yeux qui sont à la base de la plante. On sait qu'il existe un œil à chaque aisselle de feuilles, et que celles-ci sont beaucoup plus nombreuses au talon des couronnes qu'à celui des œilletons; ce sont ces œilletons que je considère comme nuisibles à l'accroissement de la plante-mère, et surtout dans les jeunes Ananas où ils passent souvent inaperçus et se développent aux dépens de la plante.

Quand on possède déjà un certain nombre d'Ananas, il convient, à certaines époques de l'année, afin de protéger les fruits, de ne laisser sur chaque plante en fruits que la quantité d'œilletons nécessaire pour la reproduction. Par ce moyen on ne récolte que de forts œilletons, ce qui procure une grande avance dans la reproduction plus rapide de la plante. On comprend que ces forts œilletons doivent être préférés à de petites couronnes.

Il n'y a point d'époque particulière pour planter les œilletons ou couronnes, mais c'est ordinairement au moment de la récolte des fruits que l'on fait celle des couronnes et même celle des œilletons, surtout si la plante qui vient de mûrir son fruit doit céder sa place à une autre plante. Dans le cas contraire, il est préférable de laisser les œilletons sur la plante-mère, où ils prennent toujours de l'accroissement, si toutefois cette plante est en bon état sous le rapport des racines.

―――

Liste des variétés d'Ananas, qui font partie de ma collection de réserve et que je considère comme les plus méritants, au point de vue des cultures d'amateurs, pour la succession de la maturité des fruits.

Je crois plus convenable pour un amateur de récolter de temps à autre un fruit d'Ananas, que d'obtenir tous ces fruits à peu près à la même époque, ce qui pourrait arriver si on ne cultivait qu'une seule variété. Ces variétés, cultivées surtout en pleine terre, ont chacune une époque de floraison qui leur est propre, d'où résulte l'impossibilité d'une coïncidence dans la maturité de leurs fruits. En admettant même que, par une circonstance imprévue, par suite de négligence, ou par un accident de mauvaise culture, un temps d'arrêt dans la végétation occasionné par une mauvaise reprise, une couche trop chaude, un hiver mal passé, fût cause que toutes les plantes, sans distinction de force ou d'espèces, vinssent à marquer fruit toutes à la fois, il ne s'ensuivrait pas pour cela que tous ces fruits mûrissent en même temps. En effet, après l'hiver, lorsque la végétation recommence, et que les plantes se trouvent dans de meilleures conditions, l'apparition du fruit est bien le premier indice du réveil de la plante, mais nous ferons observer que, dans une collection de variétés de ce genre, il en est dont les fruits (les plus hâtifs) mûrissent en quatre mois seulement et d'autres (les plus tardifs) en sept mois. Entre ces deux limites extrêmes, il est vrai, existent des époques intermédiaires de maturité, qui peuvent s'échelonner dans l'intervalle des trois mois qui séparent la maturité des fruits les plus hâtifs de celle des plus tardifs.

Dans la nomenclature des Ananas j'ai adopté l'ordre suivant ; le mot Ananas est accompagné du nom du pays de la provenance ou de celui de l'obtenteur ou dédicace.

Ananas de la Martinique ou commun. — Plante à feuilles épineuses, de dimensions moyennes, le plus anciennement connu, mais toujours recommandable pour la qualité de son fruit, jusqu'à ce jour le meilleur et le plus parfumé. Ce fruit, tantôt pyramidal et tantôt cylindrique, suivant les saisons et le mode de culture (cette circonstance sera traitée à l'article culture), est d'un poids qui varie de 500 grammes à 2 kilogrammes ; il met 5 ou 6 mois à mûrir.

Ananas Comte de Paris (dédié au). — Variété du précédent, de la même provenance, probablement introduit en même temps, et avec lequel il a été longtemps confondu. Il a en effet le même port, les mêmes qualités, et ne diffère que par sa grosseur, qui est plus considérable. Il faut un œil bien exercé pour le reconnaître en roseaux, lorsqu'il se trouve mêlé à ceux de la Martinique. Feuilles épi-

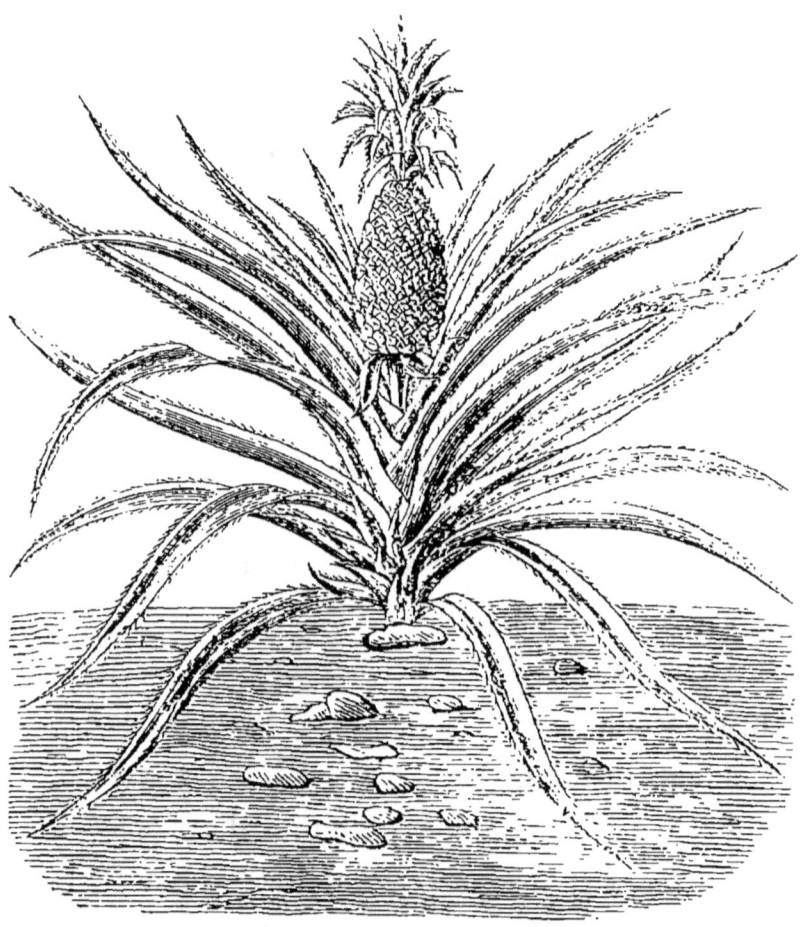

Comte de Paris.

neuses comme celles du précédent, d'une

couleur un peu plus foncée ; cette variété a la propriété de développer beaucoup moins d'œilletons, ce qui contribue beaucoup à la grosseur du fruit, toujours plus volumineux que celui de la Martinique. Fruit pyramidal de 1 à 3 kil. Mûrit en 5 ou 6 mois.

Ananas du Montserrat. — Il ressemble beaucoup à celui de la Martinique pour le port et la disposition de ses feuilles, d'ailleurs épineuses, mais un peu plus larges et d'un vert plus clair. Gros fruit souvent pyramidal, se rapprochant beaucoup pour la qualité de celui de la Martinique, avec lequel il est souvent confondu. Ce fruit pèse de 1 à 4 kilog. Il mûrit en 4 ou 5 mois.

Ananas de la Providence. — Plante à feuilles épineuses remarquable par son beau port, par la largeur de ses feuilles très-nombreuses, qui atteignent souvent une longueur de 1 m. 50 c. Gros fruit le plus souvent sphérique, quelquefois pyramidal, à chair trèsjuteuse, mais de qualité un peu inférieure aux fruits précédents. Le plus lourd que j'aie vu

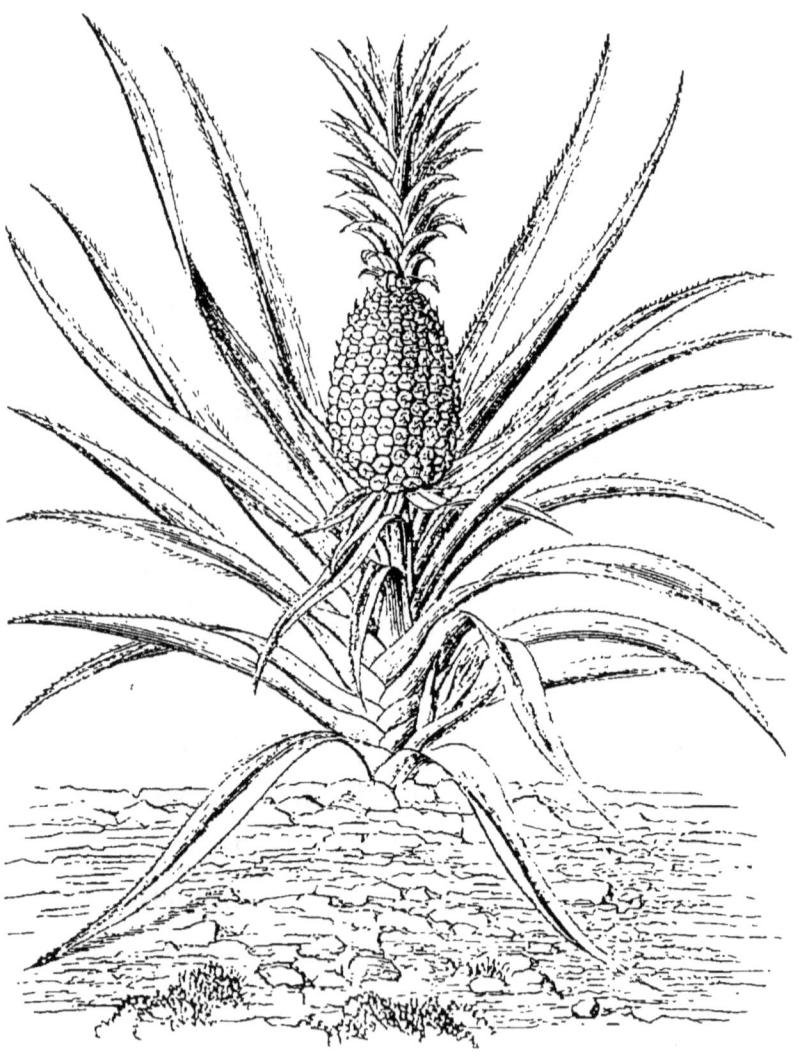

Ananas de la Providence

pesait 5 kil., 500 grammes. Il mûrit en 4 mois.

Ananas de la Martinique à feuilles lisses. — Plante de dimension moyenne, à feuilles larges, courtes et d'un vert lavé d'un peu de rouge sur les bords. Il est recommandable pour la beauté et la qualité de son fruit, souvent pyramidal et d'une couleur jaune lavée d'un peu de rouge dans le sillon qui sépare les grains à la maturité. Cet Ananas a ses grains plats et semblables à ceux du précédent ; il donne peu d'œilletons et mûrit son fruit en 5 à 6 mois. Le poids du fruit varie de 500 grammes à 2 kilog. suivant les saisons et le mode de culture.

Ananas de Cayenne (*Mahi Pourï* dans le pays). — Plante à feuilles lisses, sauf quelques petites épines à la partie supérieure, d'un beau port, formant à la base un faisceau touffu de larges feuilles, qui ont quelquefois 1 m. 30 c. de longueur ; c'est, on peut le dire, la plus belle plante du genre. Fruit très-volumineux, presque toujours pyramidal, d'une qualité supérieure ;

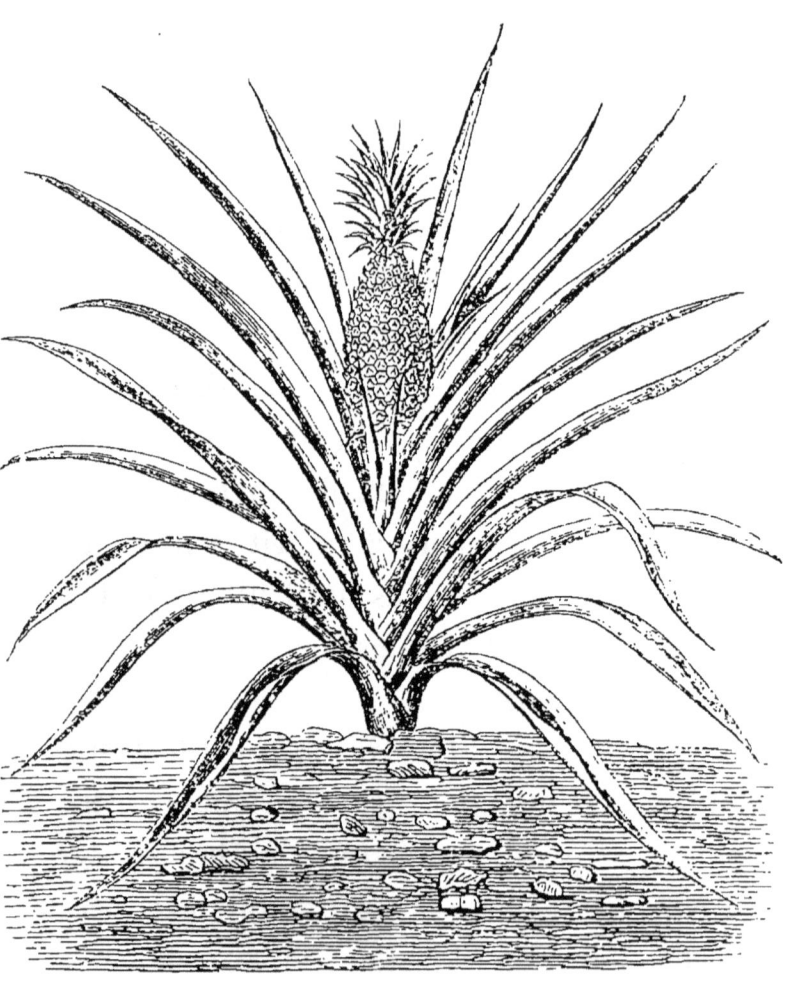

Cayenne lisse.

il mûrit le plus souvent en hiver. Le plus gros

que j'aie récolté de cette espèce pesait 5 kil.; mais son poids ordinaire, en bonne culture, est de 2 à 4 kilog. Maturité complète en 6 ou 7 mois.

Ananas de Cayenne épineux. — Plante d'un beau port, à feuilles épineuses, moins nombreuses que dans l'espèce à feuilles lisses, d'une couleur vert tendre se fondant sur les bords dans un peu de rouge; les épines ont cette dernière teinte. Gros fruit, cylindrique jusqu'aux deux tiers de sa hauteur pour se terminer en pyramide. Cette variété marque fruit souvent à la fin de l'automne pour ne le mûrir qu'au printemps. Ce fruit est du poids de 1 à 3 kilog. et demande de 5 à 6 mois pour mûrir.

Ananas de Cayenne Charlotte Rothschild. — Plante à feuilles épineuses, d'un beau port, formant un nombreux faisceau de larges feuilles qui atteignent quelquefois une longueur de 1 m. 30 à un 1 m. 40 c. Fruit très-gros, presque toujours pyramidal, de première qualité. Mûrit ordinairement en hiver, et demande pour cela 6 à 7 mois.

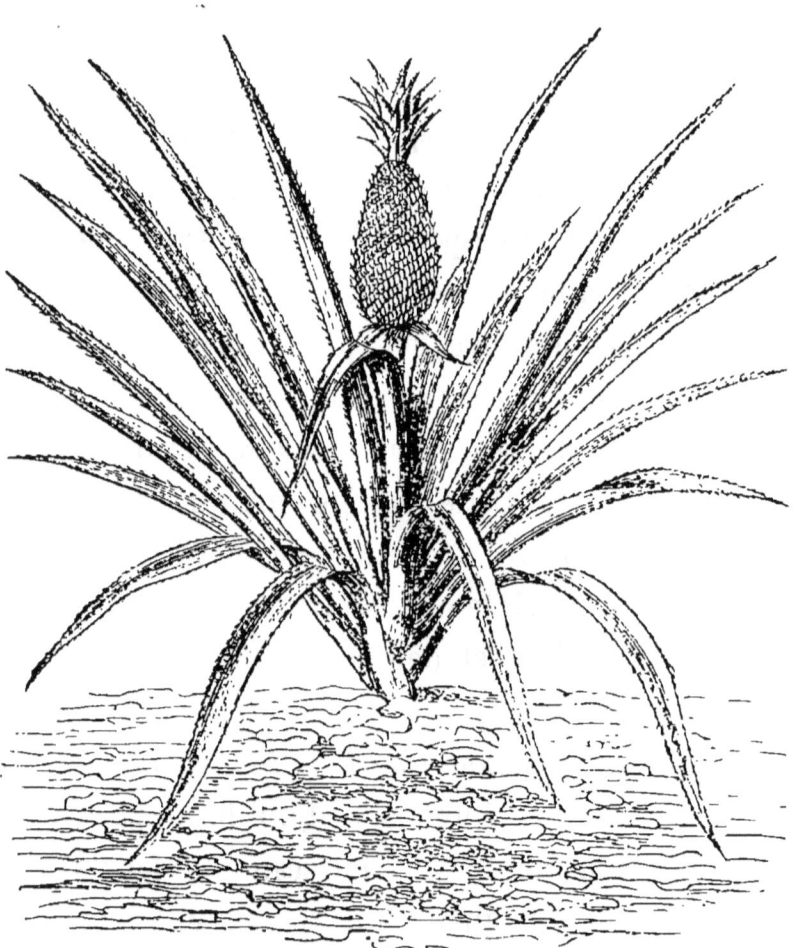

Cayenne Charlotte Rothschild.

Ananas Duchesse d'Orléans. — Plante à feuilles épineuses, nombreuses, droites, cannelées. Les épines sont longues et très-distantes les unes des autres. Fruit pyramidal, excellent, du poids de 1 à 3 kilog. Mûrit en 5 à 6 mois.

Ananas Enville. — Plante d'un beau port à feuilles épineuses, souvent bifurquées, nombreuses, d'un vert glauque. Gros fruit pyramidal, quand la plante est jeune et souvent de forme monstrueuse quand la plante est vieille. Les couronnes sont souvent crépues et difformes; ses fruits portent quelquefois, disséminés à la surface, de petits bouquets de feuilles, et dans ce cas ils sont très-gros, mais d'une qualité secondaire. Leur poids est de 1 à 4 kilog. Ils mûrissent en 4 ou 5 mois. Cette variété donne souvent des graines.

Ananas Enville Pelvilain. — Plante d'un beau port, produite par semence de la variété précedente, à laquelle elle est identique par sa végétation, la couleur de ses feuilles, la forme et la grosseur du fruit. Celui-ci, toutefois, est d'une qualité bien supérieurs ; il pèse quelquefois jusqu'à 4 kilog. et mûrit en 4 à 5 mois.

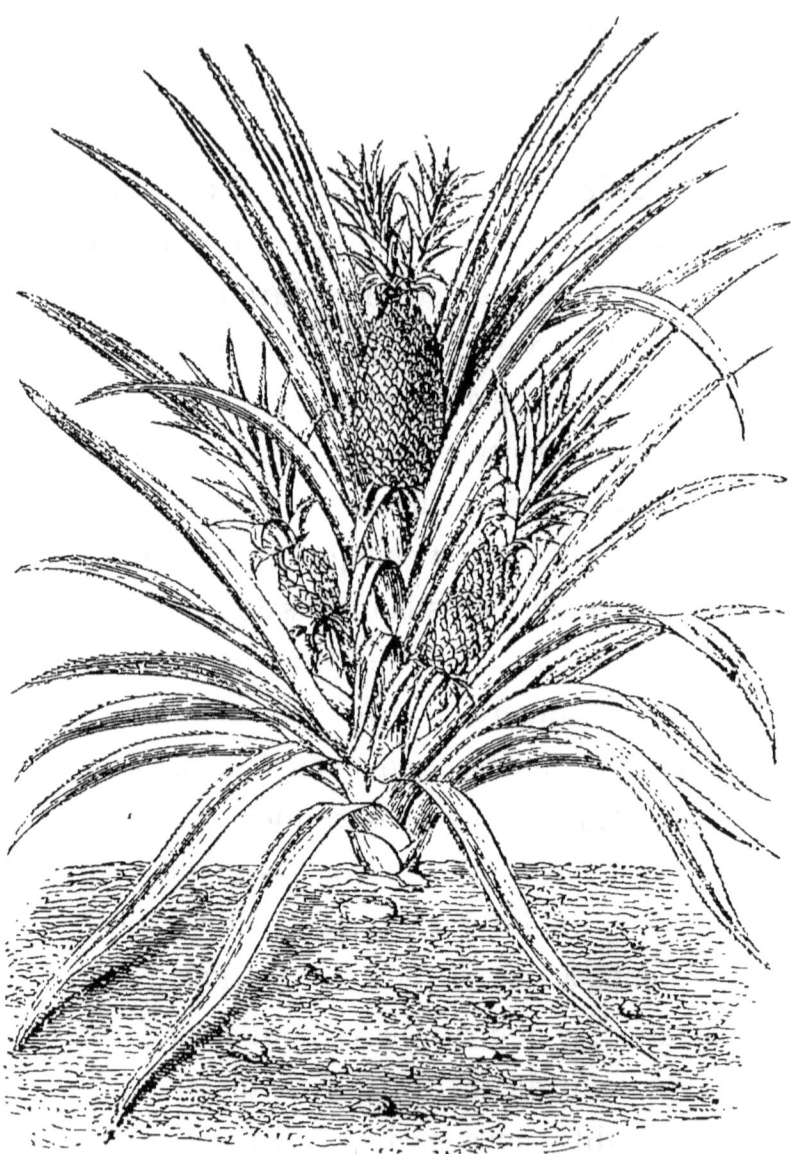

Enville Madame Gontier.

Ananas Enville Madame Gontier. — Semence de l'Enville, plante à beau port, formant un faisceau nombreux de feuilles d'un vert glauque, très-analogues à celles de l'Enville, aux épines près, qui sont plus longues et plus distantes les unes des autres. La première plante de cette variété qui ait porté fruit provenait de semence, elle est représentée en fruit dans ce traité. Par une anomalie assez remarquable, en même temps que le fruit se développait du centre de la plante, deux autres fruits apparaissaient également dans les aisselles des feuilles, sans que celles-ci eussent montré préalablement des feuilles d'œilletons; ces fruits supplémentaires ont mûri concurremment avec le fruit principal. Cette circonstance, qui ne peut être considérée que comme une bizarrerie de la nature, ne s'est pas reproduite. Le fruit de cet ananas, bien supérieur à celui de l'Enville, a conservé la forme de ce dernier, aux grains près qui sont, dans la variété que nous décrivons, plus saillants, et d'un jaune tirant un peu sur le rouge. Il mûrit en 4 ou 5 mois.

Ananas pain de sucre brun. — Cette plante est ainsi dénommée parce que le fruit, dans sa jeunesse, prend une teinte brune qu'il conserve jusqu'à la maturité. Ce fruit passe alors à une teinte jaune, parsemée de points d'un rouge lie de vin, et ses grains sont saillants. Il est de première qualité, acquiert un poids qui peut atteindre 3 kilog. et mûrit en 5 ou 6 mois.

Ananas noir de la Jamaïque. — Plante à feuilles épineuses, d'un beau port, ainsi nommé parce que, dans sa jeunesse, son fruit est d'une couleur brun foncé, pointillé de gris jusqu'à la maturité, époque à laquelle il prend une teinte jaune-orange. Ce fruit est de forme cylindrique, de première qualité, atteint quelquefois un poids de 3 kilog. et demande de 6 à 7 mois pour mûrir. Je considère cette variété comme l'une des plus recommandables, à cause de la propriété dont elle jouit de marquer fruit le plus souvent en automne et de se conserver en bonne végétation l'hiver pour donner un beau et excellent fruit au printemps.

Ananas de Java. — Plante à feuilles épineuses, d'un beau port, formant un faisceau épais de feuilles courtes, rubanées ou sillonnées de raies blanches et vert tendre. Le fruit, dans sa jeunesse, conserve ces dernières nuances; à la maturité il prend une teinte parsemée de blanc et de vert tendre. Il est de bonne qualité, mûrit en 5 ou 6 mois et peut peser jusqu'à 3 kilog.

Ananas doux de la Havane, à fruit rose. — Plante à feuilles lisses, à quelques épines près qui se trouvent quelquefois à l'extrémité des feuilles. Cette variété est toujours de petite dimension, sous le rapport de la quantité et de la longueur de ses feuilles. Son fruit, qui atteint parfois le poids de 2 kilog., a un volume qui paraît extraordinaire, eu égard aux médiocres proportions de la plante. Il est oblong, rose à sa maturité, d'une chair compacte, juteuse et sucrée; il est moins acide que celui des autres variétés. C'est cette dernière particularité et sa couleur rose qui lui ont fait donner le nom qu'il porte. Il mûrit en 4 ou 5 mois.

Ananas doux de la Havane à fruit vert. — Plante identique à la précédente, jouissant des mêmes qualités, avec la seule différence qu'à la maturité le fruit de ce dernier est d'un jaune-vert très-prononcé.

Ananas pain de sucre à feuilles rayés brun. — Plante d'un beau port, à feuilles épineuses, nombreuses, marquées de lignes longitudinales d'un vert plus foncé. Gros fruit pyramidal, à grains saillants de couleur jaune à la maturité, pèse de 2 à 3 kilog. et mûrit en 4 ou 5 mois.

Ananas Princesse de Russie. — J'ignore son pays originaire, il m'est venu d'une culture de Russie, dans laquelle il était connu sous le nom de Princesse, auquel j'ai ajouté le mot Russie. Plante d'un beau port, de hauteur moyenne, formant un faisceau considérable de feuilles cannelées, disposition qui fait apparaître une quantité de lignes longitudinales, produisant l'effet de la panachure. Fruit jaune de première qualité, souvent pyramidal, quelquefois rond, suivant les saisons, du poids de 1 à 2 kilog. Mûrit en 4 ou 5 mois.

Ananas violet de la Jamaïque. — Plante à feuilles épineuses, remarquable par la disposition de ses feuilles violettes, dont la longueur atteint quelquefois 1 m. 70 c. et qui, en retombant sur elles-mêmes, suivant un demi-cercle, touchent souvent la terre; ces feuilles sont bordées de longues épines assez distantes les unes des autres. Quand la plante est forte et fleurit en bonne saison d'été, elle développe quelquefois une tige de 0 m. 60 c., surmontée d'un fruit violet, étroit, cilindrique jusqu'aux deux tiers de sa hauteur pour finir en pyramide. Ce fruit atteint parfois à la maturité une hauteur de 0 m. 30 c. à 0 m. 35 c. et prend alors une couleur rouge-vin, pointillée de gris; mangé à point, c'est-à-dire dans un état de maturité beaucoup plus avancé que tout autre, il est de première qualité; son poids est de 1 à

2 kilog. Il demande 5 ou 6 mois pour mûrir.

Ananas de l'Urugay Lelong. — Plante peu volumineuse, à feuilles épineuses et étroites, donnant un beau fruit pyramidal. Cette plante est délicate et c'est pour ce motif que j'ai supprimé deux variétés sur les trois que j'avais reçues de l'Urugay.

Ananas Reine Barbade. — Plante d'un beau port, de hauteur moyenne formant un faisceau volumineux de feuilles épineuses, larges, dont les épines sont courtes, très-serrées, souvent birfuquées et quelquefois renversées vers la partie interne de la feuille. Fruit pyramidal quand la plante est jeune, et souvent difforme, à couronnes crépues, quand la plante est vieille. Ce fruit est de bonne qualité, pèse de 1 à 2 kilog. et mûrit en 5 ou 6 mois.

Ananas Antiqua vert. — Plante volumineuse, d'un beau port, à feuilles longues, d'une couleur vert tendre, munies d'épines très-petites et serrées. Le fruit, presque toujours pyramidal, conserve jusqu'à la maturité une teinte vert tendre pointillée de gris ; il prend, en mûrissant une nuance jaune, le fond conservant toujours sa couleur verte ; il est de première qualité et se montre souvent en automne. A cause de la rusticité de la plante, les jeunes fruits passent bien l'hiver et acquièrent une maturité complète au printemps. Ils sont très-longs à murir et demandent de 6 à 9 mois ; leur poids est de 2 à 3 kilog.

Ananas de la Guadeloupe. — Plante à beau port, à feuilles épinesues, connue dans son pays natif sous le nom de *gros cœur*. Fruit souvent pyramidal, à grains saillants, d'une chair jaune très-sucrée. Mûrit en 4 ou 5 mois et pèse de 1 à 2 kilog.

CLIMAT FACTICE.

Pour cultiver les Ananas sous notre climat et obtenir de cette culture de beau résultats, tous ceux, en un mot, qu'on est en droit d'en attendre, il est indispensable de leur créer un climat factice, et s'il n'est pas donné de connaître d'une manière bien précise les soins qu'exige l'éducation de cette plante, il est au moins nécessaire d'avoir une idée de ses besoins et de les prévoir.

De ce que la nature a doué l'Ananas de la propriété de pouvoir vivre longtemps dans une atmosphère chaude et sèche, il ne s'ensuit pas pour cela qu'il doive se plaire dans de semblables conditions.

Je ne suis pas allé en Amérique, et je le regrette infiniment, mais je suis convaincu qu'on doit rencontrer l'Ananas dans les vallées, au pied des montagnes, dans le voisinage des cours d'eau, dans ces positions enfin qu'on appelle les *terres chaudes*. Au reste j'en ai eu la preuve concluante dans une expédition de plantes, faite de Cayenne sur ma demande, et pour laquelle j'avais recommandé qu'on m'envoyât des souches ayant porté fruit, en y ménageant tous les œilletons adhérents. L'envoi a été fait exactement suivant mes désirs, et parmi les souches que j'ai reçues en fort bon état, j'en ai trouvé une de la variété à feuilles lisses, portant un gros œilleton, qui s'était développé au pied même de la plante mère, au-dessous des premières feuilles. Il était encore adhérent quand je le reçus, mais, n'étant pas soutenu par les feuilles de la plante, il s'en était insensiblement écarté en décrivant un demi-cercle sur sa tige, afin de reprendre une position plus verticale. Il est probable que cette plante se trouvait soutenue à la partie supérieure de ses feuilles par d'autre végétaux, et que les feuilles de la partie inférieure qui formaient le demi-cercle étaient situées au-dessus d'un ruisseau sans toutefois y toucher. Toutes les racines de la base s'étaient développées dans les aisselles de ces feuilles et avaient gagné le cours d'eau, dans lequel elles avaient puisé leur nourriture. Toute la partie baignant dans l'eau était couverte de vase, dont les suçoirs de ces racines s'étaient emparés. C'est exactement dans cet état que je reçus la plante, et j'avoue que ces circonstances ont été pour moi un grand enseignement.

Pour revenir à la culture, je disais donc que pour en obtenir, sous notre climat, de beaux résultats, il fallait créer aux Ananas un climat factice. Avec de l'intelligence, beaucoup de soins et un travail assidu on y parvient assez facilement, quand on peut disposer de tous les éléments nécessaires pour atteindre ce but.

Le jardin ou terrain clos destiné à cette culture, si on a le choix de l'emplacement, devra être établi de préférence à une bonne exposition du midi, à l'abri des vents du nord, nord-est et nord-ouest, mais cependant dans une position aérée, et pouvant jouir autant que possible du soleil pendant toute sa durée au-dessus de l'horizon. Les autres éléments indispensables pour cette culture consistent en bâches, serres et châssis, terres préparées, fumiers ou autres matériaux fermentescibles pour faire des couches, et en combustible, bois ou charbon de terre.

Ce que nous nommons *coffres* sont des bâches mobiles construites en planches de sapin rouge attachées sur quatre poteaux en chêne. Ces coffres sont construits pour deux ou trois châssis. Ce que nous nommons *châssis ordinaires* sont des châssis qui mesurent 1 m. 40 c. de long sur 1 m. 30 c. de large ; ce sont les dimensions les plus en usage dans les jardins ; ils peuvent être construits en bois, ils ont quatre travées vitrées ; on en fait dont les cadres sont en bois et le remplissage en fer, c'est-à-dire que les trois petits bois sont remplacés par des fers à feuillure ; on les construit aussi tout en fer, et c'est à ces derniers que je donne la préférence, par la raison que la surface de verre est plus considérable et que par ce fait ils donnent plus de lumière. Dans un établissement quelconque, si l'on adopte cette mesure, il faut que tous soient pareils ; par ce moyen le châssis occupé se trouvant avarié peut être remplacé par le premier qui se trouve sous la main.

La terre dite de bruyère est celle qui convient le mieux aux Ananas ; elle n'est pas facile à trouver partout, il est vrai, mais on peut toujours se procurer les éléments qui la composent, ou du moins créer une terre factice qui lui ressemble et remplisse à peu près le même but.

TERRE DE BRUYÈRE LA PLUS CONVENABLE POUR CETTE CULTURE.

La terre de bruyère se rencontre généralement dans les terrains les plus médiocres, plantés en bois depuis longues années, et elle est surtout la meilleure dans les endroits où le sol est composé à la surface de sable pur, et dans lequel les arbres forestiers périssent faute de nourriture. La bruyère et autres plantes dures envahissent ces parties de bois, et c'est du produit de leur décomposition générale, mêlé aux feuilles des arbres et au sable de la surface du sol qu'est due la formation de la terre dite de bruyère. Un siècle n'est peut-être pas suffisant pour en produire 10 c. d'épaisseur ; mais comme il est rare qu'on en retire deux fois de la même place, et qu'il en existe encore des couches fort épaisses qui n'ont pas été attaquées, il sera convenable de n'en recueillir que la partie superficielle, sur une profondeur seulement de 5 ou 6 centimètres. La terre de bruyère doit être employée neuve ou nouvellement extraite; elle remplit alors les meilleures conditions. Toutefois, si on devait en faire provision, il faudrait en former un tas symétriquement arrangé dans un endroit à couvert des grandes pluies. A l'état sec, elle se conserve pour ainsi dire neuve; fréquemment mouillée, elle se décompose et perd la majeure partie de ses vertus.

COMPOSITION DE LA TERRE DE BRUYÈRE.

On sait que la terre de bruyère se compose uniquement de deux ou trois substances différentes, savoir : le sable fin souvent mêlé à une faible quantité de terre incorporée dans les poussières apportées par le vent, et l'humus ou terreau qui constitue la partie la plus considérable. Ce terreau formant un des éléments de la terre de bruyère, est d'une nature toute particulière ; il provient principalement de la décomposition de plantes ligneuses, comme feuilles, bois et racines de bruyère, feuilles et bois morts d'arbres forestiers, herbes dures et mousses. Enfin la terre de bruyère est dite sableuse ou tourbeuse suivant que le sable ou le terreau prédomine dans sa composition.

On peut juger, d'après cet exposé, combien il serait difficile de reproduire cette espèce de terre telle que de longues années l'ont faite, avec ses différentes substances combinées.

Dans les contrées où les Ananas croissent naturellement, la nature du sol n'est peut-être pas une question aussi importante que le climat, qui est, à mon avis, la condition principale. Mais dans notre pays où nous sommes obligés de créer artificiellement ce climat, il est nécessaire de composer pour ces plantes une terre substantielle, capable de stimuler leur végétation.

J'ai dû faire beaucoup d'essais pour reconnaître que la terre de bruyère était la plus favorable à cette culture, et j'ai découvert en même temps que la terre légère et de nature sableuse était la plus convenable pour la remplacer.

En conséquence, voici la composition que j'adopterais : 1/3 terre franche légère, 1/3 terreau de feuilles bien consommé, 1/3 sable blanc fin. Le sable blanc est préférable, parce qu'il est le plus pur, son principal mérite est de n'avoir ni bonne ni mauvaise qualité, aussi pourrait-on le prendre à la carrière même. On peut s'assurer facilement de ce dernier fait, en mettant une certaine quantité de ce sable dans un verre d'eau, agitant le tout et laissant reposer un instant ; on verra le sable tomber immédiatement au fond du vase, sans avoir troublé l'eau et sans lui avoir communiqué aucun mauvais goût ; ce sable dans le compost joue simplement le rôle de diviseur. Pour améliorer ce compost et lui donner quelques-unes des qualités caractéristiques de la terre de bruyère, on pourrait remplacer la terre franche par des poussières ramassées sur les bas côtés des routes, et par des vases déposées par les cours d'eaux sur certains points de leurs rives. On pourrait également additionner le terreau de feuilles, des terreaux provenant des débris végétaux recueillis sous les cépées dans les bois et surtout sous les gros arbres où se trouve souvent une sorte de tapis de mousse, d'herbes dures et de feuilles. Toutes ces substances quelconques mêlées avec un peu de la surface du sol, si elle est sableuse, seront mises en tas, remuées de temps à autre pour accélérer leur décomposition, et produire ainsi un mélange homogène; ce résultat atteint, le compost sera complet, il devra être tamisé à travers une claie, et mis en réserve pour être employé au besoin.

Pour créer ce climat factice dont j'ai parlé

plus haut, il est indispensable de se procurer certains éléments, nécessaires pour l'éducation des jeunes plantes. Ils consistent en bâches ou coffres, en châssis vitrés, en couches pour échauffer la terre ou la tannée, en accots ou réchauds de fumier pour garantir les coffres ou élever la température dans leur intérieur.

COUCHES.

Les couches sont de première nécessité et c'est d'elles dont je vais m'occuper en premier lieu. Le grand mérite d'une couche consiste à donner une chaleur modérée et durable; on arrive à ce résultat par la combinaison des différentes substances dont on peut disposer.

FUMIERS.

Parmi les produits nombreux qu'on peut employer dans la composition d'une couche, je signalerai en première ligne les fumiers de chevaux, mulets et ânes; mais il est bon de faire une différence entre ceux qui proviennent d'animaux soumis à un médiocre travail et ceux des animaux qui fatiguent beaucoup. Ainsi les chevaux qui courent, ceux de l'administration des postes et des voitures publiques mangent considérablement d'avoine et fournissent un fumier bien plus chaud que celui des chevaux de luxe. L'emploi indifférent de l'un ou de l'autre de ces fumiers, à l'état pur, ne saurait donc remplir également le but proposé, car le premier donnerait trop de chaleur et le second n'en donnerait pas assez.

On peut placer en seconde ligne les fumiers des chevaux de cavalerie, ainsi que ceux des bergeries qui jouissent à peu près de propriétés identiques à celles des fumiers des chevaux de travail. Ceux des étables à vaches pourront être pareillement utilisés avec avantage dans la confection des couches.

SUBSTANCES DIVERSES.

Les marcs de raisin à fermentation durable ;

a tannée, résidu des tanneries et des corroieries; les feuilles de toutes espèces d'arbres non résineux, ramassées en automne et en hiver; les débris fournis par la tonte des charmilles et autres arbres d'alignement; la mousse arrachée dans les gazons, sont tout autant de substances qui pourront être combinées en proportions définies dans la confection d'une même couche.

Quand on est à même de pouvoir se procurer des feuilles d'arbres ou arbrisseux en automne et en hiver, on ne saurait jamais en faire une trop grande provision. Elles doivent être déposées en tas dans le voisinage des endroits où l'on fait des couches, et si l'amateur horticole savait justement apprécier le mérite de ces détritus, il ne négligerait rien pour en réunir de grandes quantités. En effet, dans toutes les maisons de campagne, existent un potager, une partie de jardin destinée aux plantes d'agrément, des gazons qui ont besoin d'être terreautés au printemps, des plates-bandes et des corbeilles de plantes à fleurs qui demandent la même opération en été, et l'horticulteur a tout intérêt à s'approvisionner de ces feuilles pour augmenter la somme des fumiers et du terreau, qui ne sont pas seulement utiles pour la formation des couches dans l'éducation des jeunes Ananas, mais qui sont généralement nécessaires dans toutes les cultures.

EMPLACEMENT DES COUCHES.

Dans les cultures d'amateurs, les couches pour l'éducation des jeunes Ananas doivent être établies dans les potagers, et c'est à la tête du carré, à l'endroit où se font les couches pour les cultures forcées, qu'on peut installer les bâches et coffres nécessaires. La serre où les Ananas doivent porter fruit pourrait être rapprochée des serres d'agrément, à la condition toutefois de ne pas en faire une serre de luxe, mais de l'approprier spécialement aux besoins de la culture en question.

CONDITIONS D'UNE BONNE COUCHE.

Les diverses substances que je viens de citer, si elles étaient employées isolément dans la confection d'une couche, seraient loin de donner le résultat qu'on veut atteindre ; ainsi le meilleur fumier neuf, tout pur, ne fournirait qu'une mauvaise couche, parce qu'elle chaufferait au point de brûler toutes les racines des plantes qu'on y placerait, et que par suite de la fermentation considérable qui se produirait dans son intérieur, toute l'humidité contenue dans ses éléments se vaporiserait avec rapidité. Par ce seul fait elle est immédiatement refroidie. D'où il suit que pour établir une couche qui reste longtemps chaude, il est nécessaire de la confectionner avec des matériaux de nature différente. Une couche de 0^{m}65 d'épaisseur construite en matériaux convenables doit se conserver chaude 5 ou 6 mois, condition plus facile à obtenir si plusieurs couches se trouvent placées les unes contre les autres. L'emplacement sur lequel on établit les couches pour l'éducation des jeunes Ananas est toujours remanié deux fois par an, au commencement de mars pour les couches d'été, et au commencement de novembre pour celles d'hiver.

Dans chacun de ces remaniements, on enlève toute la partie du fumier complétement réduite à l'état de terreau, et les matériaux de l'ancienne couche qui ne sont pas épuisés, et il en reste toujours, peuvent être utilisés de nouveau dans la composition de celle qu'on se propose de construire.

VIEUX FUMIER.

En terme d'horticulture, nous appelons ces restes *vieux fumiers*, et ils peuvent entrer pour 1/3 au moins dans la composition de la nouvelle couche; ce sont eux, en partie qui entretiennent l'humidité dans l'intérieur des couches et atténuent la fermentation des fumiers neufs. Il est bien entendu que si la quantité restante de ces vieux fumiers représentait au-delà la portion qui doit entrer dans la nouvelle couche, le surplus serait enlevé et mis en dépôt pour les besoins futurs.

CONSTRUCTION DES COUCHES.

Comme je suppose que le terrain sur lequel reposait l'ancienne couche est nivelé, il suffit de remuer à la fourche ces vieux fumiers et d'en faire un ondin d'épaisseur bien égale sur toute la longueur de l'emplacement que doit réoccuper la nouvelle couche. Le second tiers se composera de feuilles que l'on étalera toujours uniformément le long du vieux fumier, et si on n'en a pas à sa disposition, on pourra les remplacer par l'une ou l'autre des substances que j'ai indiquées plus haut, en ayant soin, quand on les emploie séparément ou combinées, de les diviser en proportions égales pour en constituer un ondin d'épaisseur bien uniforme à côté de celui du vieux fumier en question. Cela fait, on complétera la couche par 1/3 de fumier neuf, et si celui-ci de qualités diverses contenait des éléments plus fermentescibles les uns que les autres, il faudrait séparer ces éléments, et les distribuer en proportions égales sur toute la longueur de la couche ou plutôt de l'ondin en commençant toujours par le plus lourd, afin de faciliter le travail de remaniement. Si l'on opère ce transport à la hotte, et c'est le système le plus commode dans ce genre de travail, on verse toutes les hottées dans le même sens, et un œil bien exercé ne manquera pas de voir, à quelque chose près, la quantité de matériaux que nécessite la confection d'une couche de telle ou telle épaisseur. On procède alors au mélange, en commençant par l'extrémité opposée à celle d'où l'on doit faire partir la couche. Cette opération consiste à reprendre avec la fourche tous ces matériaux accumulés, pour en former devant soi, en les mélangeant, un seul ondin, de façon à laisser libre à l'autre extrémité une distance de 1 mètre environ pour commencer la construction de la couche, en ayant soin de ménager sur l'un des côtés de l'ondin une petite quantité de grand fumier, qui doit être étalé sur le sol avant de commencer chacune des travées. Dans nos cultures nous avons l'habitude d'établir nos couches par travées d'un mètre de large; chaque travée doit être foulée aux pieds deux ou trois fois en la montant, suivant son épaisseur, et nivelée enfin par un battage à la fourche, pour terminer l'opération.

Naturellement, toute couche doit avoir une largeur proportionnée à celle des coffres qui doivent reposer dessus; elle doit être montée à pied droit et être plus large que le coffre de 20 centimètres, pour donner à celui-ci 10 centimètres de saillie de chaque côté. Une couche pourra être regardée comme bien établie, lorsqu'en passant dessus, elle présentera aux pieds une résistance égale dans toutes ses parties; les détails que je viens de donner pour la construction d'une couche s'appliquent à une couche quelconque, à l'épaisseur près, qui peut varier suivant l'époque et les besoins de la culture.

En construisant la couche, ainsi que je

viens de le dire, par travée d'un mètre de large, on voit de suite si le mélange de matériaux qu'on vient de faire sera suffisant pour l'établir complétement. Dans le cas contraire, il faudrait le compléter, avant de continuer l'opération, par l'addition d'une quantité égale des substances qui entrent déjà dans sa composition.

Enfin, pour terminer ce qui a rapport à la construction des couches, sur laquelle je n'aurai plus à revenir, j'ajouterai qu'une couche, quelle que soit son épaisseur, ne doit pas chauffer plus à un endroit qu'à un autre. En outre, les matériaux qu'on emploie dans sa confection doivent être suffisamment humides, et ils ne pourraient l'être en excès que dans le cas où le sol sur lequel reposerait la couche serait imperméable. Quant à l'emplacement de ces couches destinées à l'éducation des jeunes Ananas, si nous le choisissons de préférence dans cette partie du potager consacrée aux cultures forcées, c'est que les matériaux employés dans leur confection laissent toujours quelque chose à désirer, sous le rapport de la propreté, surtout en hiver, pour les couvertures.

DISPOSITIONS PARTICULIÈRES.

Il n'est pas besoin d'un grand nombre de plantes chez un amateur, pour entretenir toujours garnie une serre dans laquelle on puisse faire mûrir une centaine de fruits d'Ananas ; douze ou quinze châssis suffisent. La bâche et les coffres peuvent occuper la tête du carré où l'on fait les couches pour les cultures forcées, et il y a grand avantage à réunir plusieurs couches en les disposant les unes contre les autres, parce que l'on constitue ainsi un plancher de couches qui conservent plus longtemps la chaleur. L'adoption de ce système procure, en outre, une économie notable de fumier ou autres matériaux, en ce qu'il diminue la quantité des réchauds ou accots nécessaires, car, une couche isolée demandant deux de ces réchauds ou accots, deux couches réunies n'en exigent que trois, et un seul suffit pour chacune de celles qui viennent ensuite. (Voir les figures 1, 2 et 3 réunies).

Lorsque l'emplacement des cultures s'étend sur un sous-sol perméable, il convient de creuser le sol et d'établir les couches à cinquante centimètres au moins de profondeur au-dessous de la surface. Il serait même avantageux, si la chose était possible, d'entourer cette excavation d'un petit mur d'appui, parce que dans ces conditions les couches d'hiver se conservent plus longtemps chaudes, et sont plus faciles à couvrir. Dans la construction de cette espèce de fosse, on aurait soin de laisser à l'extrémité de chaque couche un espace libre de cinquante centimètres pour placer les accots, qui ne sauraient être remplacés, bien entendu, par ce mur d'appui. Celui-ci, en effet, aurait pour unique fonction de garantir la partie extérieure des accots du contact de l'air glacial des hivers rigoureux contre les-

Fig. 3.   Fig. 2.

Ces trois figures sont construites sur une échelle de 5 centimètres par mètre.

quels on ne saurait trop se tenir en garde, et les jeunes Ananas sont toujours dans les meilleures conditions pour passer la saison froide, lorsqu'étant sur couches, et sous châssis, ils sont chauffés par des fumiers et feuilles, sous forme d'accots ou réchauds de fumier.

On a souvent confondu les accots avec les réchauds, et cependant ils sont loin de remplir les mêmes fonctions; l'accot ne sert qu'à concentrer l'air chaud dans l'intérieur d'une bâche ou d'un coffre, il est construit avec des matériaux non fermentescibles ou du moins très-peu. Le réchaud, au contraire, construit avec du fumier chaud, a pour but de donner de la chaleur ou de raviver celle qui s'éteint. Quand il se trouve entre deux couches, il prend le nom de sentier, parce qu'il sert alors de passage pour faire les couvertures d'hiver et donner les soins nécessaires en été.

PLANTATION PROVISOIRE.

C'est ordinairement en été que l'on fait la récolte des œilletons et des couronnes d'Ananas, car on tient peu de compte de ceux que l'on récolte en hiver, à moins qu'ils ne proviennent de variétés rares ou peu multipliées.

DISPOSITIONS PRÉLIMINAIRES.

Pour ceux que l'on récolte depuis avril jusqu'en septembre, on prépare, à divers intervalles, des couches de 40 à 50 centimètres d'épaisseur, mélangées de vieux fumier, de feuilles et de fumier neuf, et confectionnées comme je l'ai indiqué plus haut.

PRÉPARATION DES COUCHES.

La dimension de ces couches sera proportionnée au nombre des plants qu'on leur destine, et ce nombre lui-même doit être en rapport avec l'étendue du local où doivent mûrir les fruits, bien qu'il soit bon, quand on plante une serre à neuf, d'avoir toujours quelques plantes en sus des besoins, afin de pouvoir mieux choisir. Il ne faut pas, toutefois, s'encombrer de plantes inutiles, car lorsqu'elles sont venues, on ne se détermine pas facilement à les détruire, et on serre trop celles qui, pour donner de beaux fruits, devraient être bien placées, et on finit par n'obtenir que des résultats incomplets. Les couches confectionnées, on place dessus un ou plusieurs coffres (fig. 1), dans lesquels on met de 20 à 25 centimètres de terre de bruyère ou d'un autre mélange équivalent. Cette terre doit être suffisamment humide, sans être cependant trop mouillée, et, après en avoir égalisé la surface, on enfonce dans son intérieur un thermomètre à piquet. On garnit de mousse le haut des coffres, ainsi que les barres sur lesquelles doivent reposer les châssis, et pour cela on plante sur les coffres, en ne les enfonçant qu'à moitié, des pointes de 3 centimètres de longueur, à des intervalles de 30 centimètres, de façon qu'elles correspondent à celles qui sont fixées sur les barres. On attache alors à la partie supérieure de l'une des pointes un fil de fer galvanisé n° 6, que l'on conduit à chacune des autres pointes, sous la tête desquelles on l'enroule une fois, et l'on garnit le tout de mousse bien épurée des corps étrangers qui pourraient amoindrir son élasticité. On enfonce complétement les pointes, on recouvre de châssis, et on garnit le tour des coffres avec un accot de vieux fumier mélangé de feuilles. On comprend que cet accot, vu la saison, ne sert qu'à concentrer la chaleur et à empêcher le passage de l'air, car il ne faut pas oublier que c'est une bouture que nous nous proposons de faire en ce moment. On couvre de paillassons, la nuit, jusqu'à la fin de mai, et cette couverture redevient encore nécessaire quand on arrive au mois de septembre.

Après avoir soigné cette couche comme si elle était plantée d'Ananas, et s'être bien assuré, par l'observation du thermomètre-piquet, que sa chaleur ne dépasse pas 30°, on se met en mesure de la préparer pour la plantation. A cet effet, on égalise la terre dans les coffres, en lui donnant un petit labour, et on bat sa surface avec le dos d'une pelle; puis on trace les lignes pour effectuer la plantation. Ces lignes doivent être distantes les unes des autres de manière à ménager un espace plus grand pour les plantes qui doivent occuper le haut du coffre, car celles-ci, étant plus hautes et plus volumineuses, ont besoin d'être plus à leur aise.

L'expression œilleton ne veut pas toujours dire une petite plante, car si on ne laisse que peu d'œilletons sur les plantes mères, ils peuvent se développer beaucoup plus que d'ordinaire et prendre des proportions plus considérables, aussi ne saurait-on préciser le nombre d'œilletons qu'on peut planter sous un seul châssis; 25 peuvent suffire, comme on peut en planter 50. La distance à observer entre eux doit être aussi subordonnée à l'époque de leur plantation; si, par exemple, celle-ci avait lieu en avril et mai, il faudrait les espacer davantage, parce qu'ils ont beaucoup de temps devant eux, jusqu'à l'automne, pour prendre de l'accroissement. Il arrive quelquefois que des œilletons plantés à cette époque auront pris des proportions plus que doubles à la saison d'automne, s'ils ont été bien soignés.

PRÉPARATION DES PLANTS.

Les couches étant ainsi parfaitement disposées pour la plantation, il faut procéder à la préparation des plants.

A cet effet, on détache les œilletons des pieds mères, s'ils y sont encore, on leur retire quelques feuilles à la base, c'est-à-dire celles qui couvrent, sur le talon, ces mamelons qui vont se développer en racines; on détruit, aux aisselles des feuilles que l'on vient de détacher, les yeux qui s'y trouvent, afin de les empêcher de se développer plus tard en œilletons, précaution surtout nécessaire pour les couronnes, où ils sont plus nombreux, et l'on coupe net la portion du talon de l'œilleton qui aurait été mutilée. On agit de même pour la couronne, et l'on coupe net la petite partie de la tige qui a été arrachée de la plante mère, par suite de la torsion que l'on fait ordinairement subir à la couronne quand on la détache du fruit. Ces opérations terminées, on dispose en un lieu quelconque, par rang de taille, en commençant par la plus grande, toutes les plantes dont on a préalablement déterminé le nombre; on les divise suivant les lignes que l'on a tracées dans le coffre ou les coffres, et l'on procède immédiatement à leur plantation de la manière suivante :

PREMIERS SOINS A DONNER A LA PLANTATION.

On marque sur le sol, ou mieux au bas de la planche de la partie postérieure du coffre, la place que doit occuper chacun des plants composant le premier rang, on a soin de disposer sur la terre du coffre, et vers son milieu, des planches destinées à supporter les pieds de celui qui exécute la plantation, et celui-ci introduit alors, dans le trou fait avec un plantoir ou avec deux doigts, une plante à chaque endroit préalablement déterminé. Le talon de la plante ne doit être enterré que de 5 ou 6 centimètres; on comprime la terre autour de la plante de façon à la faire tenir debout, on nivelle la surface du sol derrière les plants et dans leurs intervalles, et on répand sur la partie occupée par le premier rang une couche épaisse de 2 centimètres de paillis ou de fumier aux trois quarts consommé, que l'on égalise en le frappant avec la main. Cette couche a pour but de régulariser les arrosements, en empêchant la surface du sol de se dessécher complétement, en retenant l'eau à l'endroit où elle tombe, et en la faisant ainsi pénétrer dans le sol; sans cette précaution, l'eau roulerait sur la surface desséchée du sol, s'écoulerait suivant sa pente, et s'accumulerait justement dans les endroits où elle ne peut être que nuisible. On procède ensuite à la plantation du second rang, en se conformant à la même méthode, et ainsi de suite jusqu'au dernier. Si on était à la fin de mai, on pourrait donner un bassinage avec un arrosoir à pomme finement percée, et couvrir ensuite de châssis qu'on aurait soin d'ombrager au moyen de claies, de paillassons ou de toiles à mailles très-claires dans les temps de soleil, afin d'empêcher la température intérieure de monter au-dessus de 25°, jusqu'à la reprise des plantes, qui doit avoir lieu au bout d'une quinzaine de jours. Pendant cette première quinzaine, si c'est la saison d'été, on donnera tous les jours, si le temps est au beau, un léger bassinage, une heure avant la couverture des châssis.

CONTINUATION DES SOINS.

A la fin de cette quinzaine, si ces plantes ont pris racine, on commence à leur donner de l'air, et l'on diminue graduellement l'ombrage, à mesure que l'on augmente l'aération, jusqu'au moment où, tout à fait reprises et habituées à l'air, elles peuvent se passer de toute couverture des châssis. A partir de cette époque jusqu'au mois d'octobre, les seuls soins qu'elles exigent consistent en aérage, bassinages et arrosements suffisants pour entretenir la terre constamment humide, sans être pourtant trop mouillée, et cette dernière opération, qui doit être faite au moment de la suppression de l'air, pourra tenir lieu de bassinage. Il sera nécessaire d'exhausser les coffres au fur et à mesure que les plantes prendront de l'accroissement, sans oublier que l'on doit en même temps élever à la hauteur de ces coffres les accots du pourtour, au moyen de matériaux à peu près identiques à ceux qui ont servi à leur construction primitive.

DISPOSITION DU THERMOMÈTRE.

Quant à la quantité d'air à donner à la plantation, il serait difficile de rien préciser à ce sujet, l'indication en sera fournie par la situation du lieu où sont placées les couches, et par l'état de la température, qui peut varier chaque jour, et que l'on constatera par l'observation du thermomètre situé dans l'intérieur du coffre. Cet instrument doit être placé à l'abri du soleil dans toutes ses parties, complétement isolé de toute surface pouvant être échauffée par la chaleur solaire, préservé de tout rayonnement, car, sans ces précautions, il fournit difficilement la température vraie de l'intérieur d'une serre, d'une bâche ou d'un châssis. A cet effet, on prend une planchette de 60 centimètres de long sur 10 centimètres de large environ, on la conduit à partir de son milieu jusqu'à l'une de ses extrémités, de façon à lui donner la forme d'un piquet, et l'on cloue en travers, sur la partie restée large, deux petits tasseaux de 2 centimètres d'épaisseur, sur lesquels on fixe le thermomètre pour l'isoler de la plante ; l'appareil ainsi disposé, on le plante vers le milieu du coffre, le tube du thermomètre faisant face au nord. C'est lorsque le thermomètre marque 25° qu'il faut commencer à soulever le châssis sur le derrière du coffre, au moyen d'une crémaillère telle qu'on puisse obtenir une ouverture variant depuis 3 centimètres jusqu'à 50, cette dernière pour les plus fortes chaleurs de l'été.

Cette première plantation peut et doit même n'être considérée que comme un repiquage ou moyen d'entretenir en bon état de végétation les œilletons, et les couronnes des variétés d'Ananas qui se multiplient peu ou qui sont peu multipliés, ainsi que de ceux qui, d'habitude, mûrissent plus particulièrement leurs fruits en hiver et au printemps. Sans doute ces jeunes plantes, quoique détachées des pieds mères, pourraient, s'il y avait nécessité, se conserver longtemps sans être plantées, en ayant soin de les placer dans un endroit sain et chaud, mais dans ce cas même elles se dessécheraient, durciraient et deviendraient par cela même plus difficiles à reprendre. Si, toutefois, on n'avait que quelques plantes et qu'on se trouvât dans l'impossibilité de les planter aussitôt après leur séparation des pieds mères, il serait préférable de les repiquer provisoirement entre d'autres plantes, soit en pleine terre, soit même dans la tannée. Ainsi placées, elles développeront quelques racines bonnes à conserver quand viendra la plantation sérieuse, comme on le verra plus loin.

ÉDUCATION VRAIE DES ANANAS.

C'est au commencement d'octobre que commence réellement l'éducation des jeunes Ananas, la première plantation que nous venons de décrire n'ayant pour but que de conserver en bon état de végétation les œilletons et les couronnes qui pourraient faire défaut à cette époque. Par conséquent, tout ce que je viens de dire n'est applicable qu'à une culture déjà existante, ou qui aurait été établie antérieurement à une date correspondante, au moyen de plantes acquises ou d'une provenance quelconque. A cette époque donc, on choisit un emplacement indépendant de celui où l'on doit faire les couches d'hiver dont j'ai parlé précédemment, pour y établir une couche de 40 à 50 centimètres d'épaisseur, composée pour 1/3 de fumier neuf, et pour les 2/3 de vieux fumier ou feuilles. On aura soin de la proportionner au nombre de plantes qu'elle doit recevoir, en se conformant, pour sa construction, aux prescriptions données plus haut.

COUCHE PROVISOIRE.

Cette couche, que j'appellerai provisoire, est destinée à recevoir et à faire reprendre les derniers œilletons et couronnes que l'on aurait récoltés ; ceux-ci, cette fois, seront plantés dans des pots de 10 à 15 centimètres de diamètre, suivant leur force. On plantera de même les œilletons et couronnes provenant des diverses plantations ou repiquages qui auront pu être faits en pleine terre dans le courant de l'été, seulement il sera peut-être nécessaire pour ceux-ci d'employer des pots de 18 centimètres de diamètre.

On place sur cette couche un ou plusieurs coffres (fig. 1) (fig. 2) ; si ces plantes étaient trop hautes pour la disposition indiquée (fig. 1), il faudra régler la hauteur des coffres suivant celle des plantes, que l'on connaît d'avance, de façon pourtant que celles-ci soient le plus près possible du vitrage du châssis. On pourra plus tard, s'il est nécessaire, exhausser ces coffres, posés sur les couches, au moyen de cales que l'on introduira dessous à leur partie angulaire. Mais si on avait à cette époque à opérer sur une assez grande quantité de plantes de hauteurs fort inégales, il serait préférable de construire deux couches juxtaposées, en ménageant entre elles la largeur d'un sentier. Ces deux couches étant de construction uniforme, le coffre (fig. 2) sera placé sur le côté nord de la couche, et le coffre (fig. 1) à la partie antérieure. Ce dernier sera réservé pour les plantes les plus basses, et le premier (fig. 1 et 2 réunies) pour les plantes les plus élevées, et par conséquent les plus fortes. On garnira de mousse le haut des coffres, comme je l'ai indiqué pour la première plantation, on chargera les couches de 25 centimètres de tannée, que l'on pourra remplacer par de la sciure de bois ou de la mousse à moitié consommée. On couvre de châssis, on garnira le pourtour des coffres avec un accot composé de matériaux à peu près identiques à ceux qui ont servi à former les couches ; on couvre de paillassons la nuit, on ombre le jour dans les moments de grand soleil, on soignera enfin ces couches comme si elles contenaient déjà des plantes. Un thermomètre-piquet enfoncé dans la tannée, et que l'on consultera tous les jours, indiquera le moment où la couche sera prête pour sa destination, c'est-à-dire quand on sera bien assuré que la chaleur de la tannée ne devra plus s'élever au-dessus de 30°, résultat que l'on obtiendra ordinairement vers le milieu du mois; on pourra alors procéder à la plantation.

EMPOTAGE DES ANANAS.

Il est prudent, à cette époque, de placer à l'avance les terres à couvert, car pour opérer l'empotage dans de bonnes conditions, il est indispensable, comme je l'ai déjà dit, que la terre ne soit ni trop sèche, ni trop humide. Trop sèche, elle ne pourrait pas être consolidée autour des plantes; trop humide, elle deviendrait trop compacte par suite du tassement que nécessite la consolidation des plantes, et perdrait par cela même ses qualités végétales.

La table à empoter devra être placée sous un hangar assez spacieux pour pouvoir couvrir toutes les plantes que l'on doit rempoter et, après avoir pris toutes les dispositions nécessaires et s'être approvisionné de pots proportionnés à la force des plantes, et de terre, on exécutera l'empotage de la manière suivante :

Pour les œilletons et couronnes, après avoir préalablement placé sur le trou situé au fond des vases un tesson qui sert non-seulement au drainage, mais à empêcher plus tard les racines de la plante de se frayer un passage à l'extérieur, on peut à l'avance remplir de terre tous les pots. Une fois les plantes habillées, comme je l'ai indiqué dans la description de la première plantation, on fait avec les deux doigts un trou au milieu de la terre du pot, pour y introduire chaque plante, dont le talon devra être enfoncé à une profondeur de 5 à 6 centimètres. On serrera suffisamment la terre autour des plantes, de façon à les faire tenir debout et à pouvoir supporter sans encombres le transport des vases qui les contiennent, et leur placement dans la couche, et on laissera à la surface du pot, dont la terre sera nivelée, 1 centimètre de vide pour contenir l'eau des arrosements.

Pour les plantes qui seraient en pleine terre on pourra, pour faciliter l'arrachage, si la couche qui les contenait était isolée, démolir l'un des accots, enlever le coffre et arracher ensuite les plantes une à une avec une bêche ou tout autre outil, en ménageant avec soin leurs racines. A cet effet, on saisit d'une main la plante par le bas de sa tige, on fait tomber de l'autre la majeure partie de la terre adhérente à cette plante, en ne conservant qu'une petite motte si c'est possible. On détache quelques feuilles de la base, mais seulement celles qui recouvrent les racines prêtes à se développer, on détruit avec la pointe du greffoir tous les yeux situés à l'aisselle des feuilles détachées, et pour cela, il suffit de passer l'extrémité de la lame du greffoir derrière ces yeux et de tirer à soi, pour qu'ils cassent d'eux-mêmes sans exiger d'amputation. Il n'en est pas de même pour ceux qui ont déjà des feuilles apparentes, il est indispensable de les couper. Si le talon de la plante était par trop long, on devrait en retrancher une partie, et, réunissant ensuite avec précaution toutes les feuilles, on les attache avec un petit lien de paille fine et mouillée, afin de faciliter l'empotage et le placement sur la couche nouvelle.

DÉTAILS SUR L'OPÉRATION DE L'EMPOTAGE.

La table à empoter étant chargée de terre, sauf un espace de quelques centimètres laissé libre sur le devant pour y placer le pot, on dispose au fond de ce dernier un tesson pour en couvrir le trou, et après avoir jeté dessus 3 ou 4 centimètres de terre, que l'on tasse avec la main en formant une concavité, on pose la plante au milieu, toutes ses racines débordant le pot. D'une main, soutenant la plante en position verticale, on verse une certaine quantité de terre, que l'on tasse en agitant le vase, et que l'on serre ensuite fortement autour du talon. Dans ces conditions, la plante peut seule se tenir debout, et après avoir inséré dans le pot toutes les racines, en les tournant toutes dans le même sens, on les recouvre de terre et on imprime quelques secousses au vase, afin que la terre s'introduise entre les racines, les enveloppe, et en empêche l'agglomération. On emplit ensuite le pot, on comprime suffisamment la terre, de manière à obtenir l'assujettissement complet de la plante, et on ne laisse entre la surface et le bord du vase qu'un bon centimètre de vide pour contenir l'eau des arrosements. Ces plantes, à mesure de leur empotage, sont placées par rang de taille et en files composées d'un même nombre, afin d'en faciliter le compte, et de permettre successivement l'enlèvement des plus hautes sans déranger les autres. On dispose alors les pots sur la couche préparée, on les enfonce jusqu'au cordon dans la tannée, que l'on serre autour de chacun d'eux, en ayant le soin, bien entendu, de les espacer dans les coffres de manière à laisser entre eux, sur la surface de la couche, des intervalles proportionnés au volume de chaque plante. Si la terre employée pour l'empotage n'était pas suffisamment humide, si d'un autre côté les pots étaient trop secs ou d'une nature poreuse, et par conséquent plus propre à absorber l'humidité, on devra donner un peu d'eau, avec un arrosoir à bec, à toutes les plantes qui auront été empotées avec leurs racines. Cet arrosage sera fait successivement après l'installation de chaque rangée.

Lorsque les pots du deuxième rang sont placés, on détache les feuilles des plantes du premier rang, en coupant le lien de paille qui les réunissait, et en évitant de les froisser, puis on arrange convenablement les feuilles qui seraient mal disposées, et ainsi de suite pour toutes les plantes qui restent à placer dans la couche. L'opération terminée, on couvre immédiatement de châssis, dont les bois et le vitrage auront été préalablement bien lavés, afin que la lumière n'éprouve aucun obstacle à arriver jusqu'aux plantes, lorsqu'il sera nécessaire de les éclairer. On couvrira la nuit et on ombragera le jour, lorsque le soleil trop vif serait jugé capable d'élever au-dessus de 25 degrés la température intérieure du coffre.

COUVERTURES.

Les couvertures de nuit ne sont pas seulement utiles, mais elles sont encore nécessaires. Elles ont pour but d'empêcher le refroidissement de l'atmosphère dans laquelle vivent les plantes, il faudra donc les augmenter ou les diminuer, suivant la saison où l'on se trouve, et même suivant les variations de température qui peuvent avoir lieu brusquement dans une période de temps même favorable. A l'époque de la plantation, au mois d'octobre, un simple paillasson peut suffire, comme plus tard trois paillassons superposés ne seront peut-être pas suffisants.

Considérant l'époque de la plantation que je viens de décrire comme le commencement véritable de la culture des Ananas, je continuerai d'étudier ces plantes et de décrire leur éducation jusqu'à la parfaite maturité de leurs fruits.

Après une dizaine de jours, si ces plantes ont été tenues dans les conditions nécessaires à leur état, elles manifesteront déjà quelques dispositions à la reprise et demanderont un arrosage. A cette époque l'eau est déjà un peu froide, et s'il n'existe pas de réservoir dans une serre ou lieu abrité quelconque, on devra placer la veille, dans la bâche aux plantes, un ou plusieurs arrosoirs remplis d'eau, afin de la réchauffer un peu avant de s'en servir. On profite de la matinée d'un beau jour pour opérer cet arrosage, et pour cela on peut sans crainte lever les châssis les uns après les autres; on se servira d'un arrosoir à bec, si les plantes ne sont pas trop rapprochées les unes des autres, car il ne faut pas verser, autant que possible, de l'eau dans le cœur de la plante, tandis qu'on peut en répandre sans inconvénient dans les aisselles des premières feuilles de la base. On peut encore faire usage d'un entonnoir à long tube, que l'on dirige successivement sur chaque pot, et verser par ce moyen la quantité d'eau jugée nécessaire dans la partie du vase laissée vide dans l'opération de l'empotage.

On devra supprimer l'ombrage dès que les plantes seront reprises, ce qui pourra avoir lieu à la fin du mois. En novembre, on recharge les accots de manière à les tenir toujours à hauteur des châssis, on couvre la nuit, on découvre au point du jour si le temps est doux, et quand paraît le soleil, ce qui arrive quelquefois à cette époque, on donne un peu d'air et même un peu d'eau à ceux qui en auraient besoin.

Dans nos cultures, toutes ces plantes passent l'hiver sur couche et sous châssis, quelle que soit la rigueur de la saison. C'est la situation qui leur convient le mieux, et l'on n'a jamais ainsi de fructification prématurée, ce qui pourrait arriver si les Ananas passaient l'hiver dans une serre ou bâche chauffée par d'autres moyens que les feuilles et fumiers.

COUCHES D'HIVER.

Vers le 10 novembre, l'emplacement destiné aux couches d'hiver doit être entièrement libre, c'est-à-dire débarrassé des fumiers complétement réduits en terreau, et le moment est donc venu de procéder à la construction de ces couches d'hiver. Elles doivent avoir une épaisseur de 65 centimètres, et être confectionnées suivant les instructions que j'ai données précédemment. Les feuilles, à cette époque, étant abondantes et dans de bonnes conditions, on les fera entrer avec avantage pour moitié dans la composition de la couche à construire, que l'on complétera par un 1/4 de vieux fumier et un 1/4 de fumier neuf.

Si l'on avait à hiverner une quantité de plantes assez considérable pour nécessiter l'emploi de plusieurs coffres, afin de les loger à l'aise, surtout si elles étaient trop disproportionnées en hauteur, il serait préférable de construire deux couches l'une contre l'autre. Si les deux couches en question doivent être établies dans l'endroit que j'ai choisi pour exemple, et encaissées dans une excavation formant la tête du carré contenant des couches pour d'autres cultures, elles pourront être faites d'un seul et même coup. Ainsi, les accots des deux extrémités, celui de derrière et le sentier de séparation seraient construits en même temps, il ne resterait que l'accot de la partie antérieure qui serait fait après et indépendant de la couche, par la raison qu'on pourra le relier aux couches que l'on confectionnera dans la suite pour d'autres cultures. La largeur totale des deux couches sera telle, qu'après la pose des coffres, l'accot de derrière mesure en largeur un espace de 60 centimètres, celui de séparation 50 centimètres, et celui de la partie antérieure 10 centimètres seulement, cet accot étant fait après coups pour être défait et reconstruit en même temps que la couche que l'on pourra refaire en avant. Pour la saison d'hiver, ces coffres devront être disposés de façon à laisser entre eux quelques centimètres de vide, que l'on comblera avec de la mousse ou du foin, etc.

CONFECTION DES ACCOTS ET SENTIERS.

Après avoir chargé ces couches d'un lit de tannée de 25 centimètres d'épaisseur, on les couvrira de châssis au vitrage bien net, et l'on procédera à la confection des accots et des sentiers de la manière suivante. Le sentier sera rempli uniquement de feuilles jusqu'à à moitié de la hauteur des coffres, et sera terminé avec un mélange de fumier neuf et de feuilles. Les accots du pourtour seront montés avec des feuilles seules jusqu'au niveau de la tannée de l'intérieur des coffres, et complétés avec un mélange de feuilles et de fumier neuf. Je ferai observer, au sujet de la construction de ces accots, que, pour obtenir une fermentation uniforme des matériaux qui composent la couche, on doit bien se garder de les commencer avec du fumier neuf.

S'il suffisait d'une couche, même à un seul coffre, pour contenir les plantes que l'on a à hiverner, on devrait construire cette couche suivant la largeur du coffre, en lui donnant 20 centimètres en plus, pour avoir 10 centimètres de saillie de chaque côté. On comprend que cette couche isolée pourrait avoir besoin, pendant les grands froids d'hiver, d'être réchauffée de fond, ce qu'indiquera le thermomètre-piquet enfoncé dans la tannée, et celui placé dans l'intérieur du coffre, car ce n'est qu'au moyen des réchauds qu'on pourra obtenir ce résultat. Dans cette prévision, il convient de ménager un espace très-considérable pour la construction des accots qui deviendront nécessairement réchauds, ces derniers pouvant eux-mêmes avoir besoin d'un accot pour être garantis des grands froids et de la gelée. Toutes ces conditions remplies, on soignera les couches comme si les plantes y étaient placées.

Dans les premiers jours de décembre, ces couches doivent être en état de recevoir les plantes qu'on leur destine ; je dis dans les premiers jours de décembre, car je n'ai jamais observé que des hivers rigoureux aient commencé avant le 10 de ce mois. Il faut donc être en mesure à cette époque, et, comme on ne saurait prévoir l'avenir, on devra être prêt, dans tous les cas, à parer aux éventualités de l'hiver le plus rigoureux. On transporte sur la nouvelle couche les plantes en pots que nous avons laissées dans la couche faite en octobre pour opérer leur reprise, et l'on profite de la circonstance pour les arroser à mesure qu'on en aura placé une rangée ; on devra même mouiller deux fois celles dont la terre serait trop desséchée. L'opération terminée, on attachera horizontalement sur un piquet un thermomètre, en ayant soin de prendre ce piquet assez long pour qu'enfoncé dans la couche, il porte le thermomètre suivant une légère inclinaison à la distance de quelques centimètres du vitrage, et de manière a ce que, dans les grands froids, on puisse les consulter sans soulever les châssis.

HIVERNAGE DES PLANTES.

C'est à partir de ce moment que ces plantes exigent le plus de soins et d'attention ; nous avons, en effet, pendant les trois mois d'hiver qui vont s'écouler, à entretenir dans la tannée 15 degrés minimum à 30 degrés maximum de chaleur, et à maintenir l'atmosphère intérieure des coffres à une température de

10 degrés minimum à 20 degrés maximum pendant les grandes gelées, et cela sans autre secours que les fumiers et les couvertures. On se rappellera que les matériaux employés dans la construction des accots n'étaient pas de nature à fournir beaucoup de chaleur dans l'intérieur des coffres ; et pourtant posés dessus et le long d'une couche neuve ils sont suffisants avec les couvertures jusqu'au commencement des gelées, ou plutôt jusqu'au moment où l'on observerait que la température n'est plus assez élevée. Dans ce cas, on multiplie les couvertures, on augmente leur épaisseur en étendant même sur les paillassons une quantité plus ou moins considérable de feuilles, et l'on a surtout la précaution de couvrir les accots et les sentiers, car il faut empêcher principalement que la surface de ces derniers ne soit saisie par la gelée. Sitôt que le soleil brille sur le vitrage des châssis, il faut découvrir, sans être arrêté par les ennuis de l'opération, et recouvrir dès que le soleil

va cesser de rayonner dessus. Toutes ces précautions sont nécessairement applicables quand sévissent les froids les plus rigoureux, dont la durée est quelquefois très-longue et pendant lesquels souvent le soleil fait défaut; auquel cas il ne faut pas découvrir. Toutefois, s'il ne gèle pas, le thermomètre à air libre étant par conséquent au-dessus de zéro, et si la température de l'intérieur des coffres est assez élevée, on doit découvrir au point du jour, en ayant soin que le vitrage des châssis soit parfaitement net pour laisser parvenir aux plantes toute la lumière possible, et recouvrir aux premières approches de la nuit. Si les fortes gelées se prolongent, les matériaux qui ont servi à confectionner les couches ont une tendance marquée à cesser de fermenter.

RÉCHAUFFAGE DES COUCHES.

Par suite, la chaleur intérieure des coffres diminuant, on peut se trouver dans la nécessité de réchauffer ces couches, et dans cette prévision, il est indispensable d'avoir toujours en réserve une certaine quantité de fumier chaud. En supposant deux couches établies l'une contre l'autre comme le font voir les figures 1 et 2 réunies, on commencera par remanier le sentier qui les sépare, et celui-ci remanié peut suffire tout seul à fournir pendant quelque temps la chaleur nécessaire dans l'intérieur des deux lignes de coffres. Pour opérer, on commence par l'extrémité du sentier la plus commodément située pour l'apport du fumier ; on enlève les matériaux qui composent le sentier sur une longueur de 1^m,30, en descendant jusqu'au niveau de la tannée de l'intérieur du coffre, et on les dépose au bout de la couche dont on prendra une partie pour achever la dernière travée ; on étend sur le fond du sentier que l'ont vient de vider une hottée de fumier neuf, sur lequel on répand en les divisant une portion des matériaux qui composent la deuxième travée. On tasse le tout fortement avec les pieds, en y incorporant en plusieurs fois une autre hottée de fumier mélangé avec les matériaux qui formaient l'ancien sentier, et cette nouvelle travée construite, bien tassée et montée jusqu'à la hauteur des châssis, on retire du sentier les matériaux restant dans la seconde travée, pour que celle-ci soit vidée à la même profondeur que la première. Ce travail continué jusqu'à complet achèvement du sentier, doit être fait le plus rapidement possible, afin d'empêcher le refroidissement des couches. Si la gelée devenait plus intense, et que ce sentier remanié ne fût pas suffisant pour procurer la chaleur voulue, on remanierait de la même façon les deux accots extérieurs. C'est alors le cas de protéger ces accots par un amas de feuilles que l'on tasse contre chacun d'eux, dans toute leur longueur, et l'on peut sans crainte user largement de ces agents protecteurs, car, lorsque le fort de l'hiver est passé, les feuilles qui ont servi à protéger les accots et à former les couvertures n'ont rien perdu de leurs propriétés, et peuvent entrer efficacement dans la composition des couches pour Ananas ou autres cultures.

Comme il est impossible de prévoir la nécessité d'un nouveau réchauffement, on devra consulter le thermomètre placé dans le coffre, qui indiquera si le besoin s'en fait sentir, et, dans ce cas, on répétera l'opération que je viens de décrire autant de fois qu'il sera nécessaire, jusqu'au mois de mars. Dans les hivers doux, on est quelquefois complétement dispensé de réchauffer, à moins que les fumiers des couches et des sentiers n'aient été noyés par les grandes pluies, ou par la fonte des neiges. On évitera les eaux froides résultant de la fonte de la neige, en faisant tomber celle-ci de la surface des couvertures, et en enlevant la superficie des sentiers et des réchauds qui en serait couverte, pour la remplacer par un léger lit de fumier chaud, qui, ravivant les parties plus profondes et provoquant leur fermentation, fournira la dose voulue d'une chaleur continue. On profitera des journées où le temps est doux pour visiter les plantes et arroser avec l'entonnoir à long tube celles qui demanderaient de l'humidité.

Dans le mois de janvier, surtout vers la fin, nous avons quelquefois des jours de soleil, il faudra en profiter pour renouveler l'air dans l'intérieur des châssis, en conservant une chaleur uniforme et en évitant autant que possible les transitions trop brusques de température. A cette époque, lorsque les rayons solaires viennent frapper sur le vitrage, on devra consulter attentivement le thermomètre des coffres, pour augmenter ou diminuer l'aération, et régler la température dans l'intérieur des châssis ou des serres.

COUCHES D'ÉTÉ.

En suivant ainsi les règles de culture que nous avons décrites, nous arrivons aux premiers jours de mars. C'est le moment de songer aux couches d'été, sur lesquelles ces jeunes Ananas devront être plantés en pleine terre au commencement d'avril. Ces couches devront durer six mois, et c'est pendant cette période que, par une culture bien entendue, nous devons amener ces plantes à acquérir la force nécessaire pour produire de beaux fruits.

Comme l'emplacement des couches d'hiver que ces jeunes Ananas occupent en ce moment est celui-là même qu'ils devront occuper l'été, on confectionnera, vers la fin de février, une couche provisoire pour les recevoir, pendant qu'on débarrassera les couches du vieux fumier réduit en terreau, tout en y conservant une certaine quantité de ce vieux fumier. Celui-ci doit entrer pour 1/3 dans la composition des nouvelles couches, qui sera complétée par 1/3 de feuilles, et 1/3 de fumier, le tout formant ensemble une épaisseur de 65 centimètres et construit suivant les indications fournies précédemment.

Quel que soit le nombre de couches à établir en ce moment, nombre qui est subordonné à l'importance de la culture, et pour lequel on prend pour base un châssis ordinaire pour 10 plantes les plus fortes, et pour 12 moyennes, on peut construire simultanément et avec les mêmes matériaux le sentier et la couche. On place ensuite sur celle-ci des coffres comme il est indiqué fig. 2, en y répandant 5 à 6 centimètres de terre, et l'on couvre de châssis. Les sentiers et accots sont alors remplis, jusqu'à moitié de leur hauteur, de feuilles si l'on en possède encore, et comblés enfin avec du fumier recuit. (Nous entendons par fumiers recuits, des fumiers qui ont été mis en tas et qui ont été desséchés par la fermentation.)

Cette couche restera exposée au soleil sans air pendant une huitaine de jours, et pendant ce temps il est important qu'il y ait quelques jours de grand soleil, et voici pourquoi : Lorsqu'on emploie de vieux fumiers dans la construction d'une couche, ces vieux fumiers sont souvent remplis de petits vers rouges qui décomposeraient la terre, si l'on n'avait la précaution de les détruire ; la chaleur de la couche les fait monter à la surface et l'action du soleil les détruit. Dans tous les cas, et pour plus de sûreté, il convient de visiter l'intérieur des coffres ; ces vers, en effet, obéissant à l'instinct de la conservation, se réunissent souvent en pelotes sur des portions de terre restées humides dans la partie des coffres où le soleil ne peut faire arriver ses rayons, et il est alors facile de les enlever et de les détruire. Après avoir remué à la fourche la terre des coffres, on complétera les 25 centimètres de terre nécessaires pour la plantation des jeunes Ananas.

On placera dans cette terre un thermomètre que l'on consultera souvent, pour constater la chaleur croissante ou décroissante de la couche. Mais pour avoir la température vraie de la masse, il faudra changer plusieurs fois de place cet instrument, car c'est ordinairement dans le voisinage des sentiers et des accots que la chaleur sera toujours plus forte, bien que nous ayons pris la précaution de ne pas employer de fumier neuf pour la partie des sentiers et accots situés à la hauteur où se trouve la terre dans les coffres. On devra enfin soigner cette couche comme si elle était plantée d'Ananas; on pourra se dispenser de couvrir la nuit, mais il faudra aérer le jour autant qu'il sera convenable, et aux heures les plus favorables pour la saison.

Lorsque le thermomètre, dans sa marche décroissante, ne marquera plus que 35° maximum, ce qui pourra avoir lieu vers la fin du mois ou dans les premiers jours d'avril, la couche sera prête à recevoir les jeunes Ananas.

Parmi les plantes que nous nous proposons de planter, il doit y en avoir de plus fortes les unes que les autres; nous en prenons ordinairement de 28 à 36 pour un coffre à 3 châssis ordinaires, c'est-à-dire 28 des plus fortes, 32 des moyennes et 36 des plus petites.

PLANTATION EN PLEINE TERRE.

Toutes ces dispositions prises, on sortira tout ou partie des plantes que l'on a placées dans la couche provisoire faite fin février, et on les disposera par rang de taille sur un emplacement à peu près nivelé, afin de mieux apprécier leur hauteur et leur force. On aura soin d'arroser ces plantes à mesure qu'on les retirera de la couche, et cette précaution est excessivement nécessaire, parce que les pots étant exposés à l'air sec, les racines qui en tapissent les parois s'y attachent, et rendraient le dépotage très-difficile sans le secours de l'eau qui les humecte. Les plantes ainsi préparées, on choisit les plus hautes, et conséquemment les plus fortes, en commençant par celles dont on prend 28 par coffre, et qui sont placées, bien entendu, dans les coffres formant la tête du carré de couches, coffres qui sont les plus élevés. Après avoir découvert ces coffres, pour en régler la hauteur suivant celle des plantes qu'ils doivent renfermer, on garnira de mousse ou de petit foin l'espace laissé libre entre ceux qui sont placés bout à bout.

On pratiquera un léger labour, et on égalisera la surface de la terre dans les coffres; puis, après avoir préalablement posé des planches à peu près sur le milieu de la couche, pour supporter les pieds de celui qui fait la plantation, on marquera au bas du coffre la place des plantes qui composent le premier rang. Les plantes au nombre de 28 par coffre seront divisées en 4 rangs de 7, de manière que l'espace soit également distribué dans la plantation, qui sera disposée en échiquier; pour les plantes au nombre de 32 par coffre, la division se fera par 4 rangs de 8, et pour celle de 36, elle sera de 4 rangs de 9.

DÉPOTAGE.

Lorsqu'on veut procéder à la plantation, si l'on dispose de un ou plusieurs coffres spéciaux pour les fortes plantes, on retire d'abord celles-ci de la masse totale, et on les place par rang de taille sur 4 rangées composées chacune d'un nombre déterminé de sujets. Commençant par le rang qui doit être planté vers la partie haute du coffre, on déchausse avec beaucoup de précaution, au moyen d'une spatule en bois, le collet de chaque plante, pour en détacher une ou plusieurs feuilles, ce qui permet de découvrir sur la tige les mamelons tout prêts à se développer en racines. On éteint ensuite les yeux qui se montrent aux aisselles des feuilles que l'on vient de détacher, et dont on ne saurait préciser le nombre, puisqu'on ne doit enlever que celles qui recouvrent les mamelons dont je viens de parler. On dépote la plante avec précaution, pour ne pas endommager les racines, et on la transporte à la place qu'elle doit occuper.

PLANTATION.

Le planteur fait alors un trou avec la main,

en ramenant la terre vers lui, sans la projeter trop au loin, car cette terre doit revenir autour de la plante tenue entre les mains de l'opérateur. Le trou devra être creusé assez profond pour que la motte de la plante soit recouverte de 5 à 6 centimètres de terre, c'est-à-dire pour que, le collet de la plante étant suffisamment enfoui, toute la partie de la tige dénudée de ses feuilles soit elle-même enterrée de 2 ou 3 centimètres en plus. Après avoir ramené la terre du trou vers la motte de la plante, on serrera cette terre avec la main, afin de combler tous les vides; on la tassera de même légèrement, et on en nivellera la surface comprise entre la paroi du coffre et la plante. La plantation du premier rang ainsi effectuée, on répand sur cette partie du sol une couche de paillis de 2 centimètres d'épaisseur, bien égalisée à la main, pour régulariser les arrosements d'été. Nous avons décrit, au sujet de la première plantation, le rôle important que joue ce paillis pour la parfaite répartition des eaux d'arrosage.

Après avoir opéré, comme nous venons de le dire, la plantation des 3 autres rangées, on couvre de châssis, et l'on donne une bonne mouillure, dans la proportion de 20 litres d'eau par châssis. Il est bien entendu que le travail s'exécute de même pour les plantes moyennes et pour toutes celles qui restent à planter.

Par suite de ces opérations les plantes ont éprouvé une certaine secousse, dont on réparera promptement les effets par quelques soins, d'autant plus nécessaires que l'espace que nous leur donnons n'est plus en rapport avec celui qu'elles occupaient dans les coffres où nous les avons prises. Dans ceux-ci, en effet, elles étaient beaucoup plus serrées, et les extrémités de leurs feuilles étaient seules habituées à recevoir les rayons solaires; dans leur nouvelle situation, il n'en est pas de même, et le corps de la plante, ou plutôt le bas des feuilles, pouvant être surpris par un soleil trop vif, il faudra ombrager pendant quelques jours seulement, pour cesser tout à fait après cette courte période.

Ces plantes vont donc rester dans cette position jusqu'à la fin d'octobre, et les soins à leur donner jusqu'à cette époque seront les suivants : de l'eau pour entretenir la terre constamment humide, sans qu'elle soit pourtant trop mouillée, et cette mouillure, que l'on pratiquera, selon les besoins, du mois de juin à celui de septembre, devra être faite au moment de la suppression de l'air; le jour où on la pratiquera, elle tiendra lieu de bassinage. Elle sera faite, pour toutes les plantes indifféremment, d'une manière uniforme, c'est-à-dire en distribuant l'eau bien également. Nous savons que les feuilles des Ananas forment tout autant de gouttières, et ont, par conséquent, une tendance marquée à réunir au pied de la plante toute l'eau qu'elles reçoivent d'en haut; il suit de cette disposition que les Ananas, étant arrosés pendant l'été comme une planche de légumes, ce sont ceux qui sont munis du plus grand nombre de feuilles qui reçoivent la plus grande quantité d'eau. Il est vrai que les plus touffus en dépensent le plus, et qu'en outre ils ont des racines plus nombreuses et qui s'étendent plus au loin, quand elles ne rencontrent pas d'obstacle; toutes ces raisons expliquent la nécessité d'une mouillure uniforme. C'est généralement le long de la planche du haut du coffre, et dans ses angles, que l'eau arrive en moins grande quantité, c'est donc en ces endroits que devra se porter l'attention de celui qui pratique l'arrosage. Depuis le commencement de juin jusqu'aux premiers jours de septembre, chaque fois que la journée est chaude, il convient de bassiner ces plantes au moment de supprimer l'air. Ce bassinage se pratique au moyen d'un arrosoir à pomme percée de trous fins ou d'une pompe-seringue; deux litres d'eau bien répartis suffisent pour un châssis, et cette opération a pour but de charger d'humidité l'atmosphère intérieure des coffres, qui devront toujours être garnis jusqu'à la hauteur des châssis.

On cessera ces bassinages vers les premiers jours de septembre, mais les mouillures seront encore nécessaires, parce qu'à cette époque les plantes seront devenues très-volumineuses et dépenseront beaucoup d'eau. Du reste, l'inspection de la terre de la couche fera reconnaître le besoin de ces arrosements, que l'on ne devra plus faire le soir, mais le matin, avant de donner de l'air. Ainsi que je l'ai dit plus haut, en discontinuant d'ombrager ces plantes trois ou quatre jours après la plantation, on doit augmenter la quantité d'air. Il n'est pas possible de fixer d'avance le moment, ni l'heure à laquelle doit commencer l'aération, mais cette indication sera fournie par l'observation de l'appareil thermométrique placé isolément dans le coffre, comme nous l'avons déjà décrit, et en tenant compte, suivant l'époque, de la hauteur du soleil. Ainsi, quand le thermomètre marquera 25°, le moment sera venu de soulever les châssis sur le derrière, et il faudra les ouvrir tous, en leur donnant une ouverture qui variera, suivant l'intensité de la chaleur, de 3 à 50 centimètres. Dans les fortes chaleurs, et si le temps est clair, une couche se trouvant d'équerre avec le plan du méridien, aura besoin d'air depuis 8 heures du matin jusqu'à 5 heures du soir ; mais la plantation n'est pas toujours située sur une ligne aussi exacte, et l'on fera bien, dans tous les cas, de consulter le thermomètre. Celui-ci, dans les fortes chaleurs, monte quelquefois au-dessus de 30°, bien que les châssis soient soulevés de 50 centimètres, mais il ne faudra pas s'effrayer de cet excès de température, car les plantes s'y habituent insensiblement ; les bouts des feuilles rougissent bien un peu, mais cet état vaut encore mieux qu'une végétation étiolée. En se conformant à nos préceptes, les plantes seront trapues et fortement constituées, le moment ne tardera pas à arriver où, les feuilles touchant les châssis, on se trouvera dans la nécessité d'élever les coffres de la couche

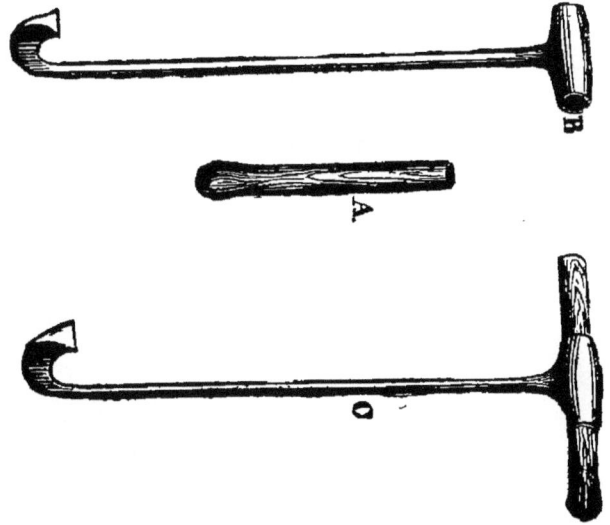

Fig. 6.

Crochet pour élever les coffres.

ou même des deux couches juxtaposées. Cette dernière disposition est la meilleure, parce que les couches et les sentiers se maintiennent réciproquement dans d'excellentes conditions de chaleur, et que ces couches, comme je l'ai dit, forment la tête d'un carré propre à d'autres cultures.

En posant les coffres sur la couche, nous avons ajouté sur la surface de celle-ci 25 centimètres de terre ; on pourra donc élever ces coffres de 25 centimètres. Pour exécuter ce soulèvement, comme les coffres sont encaissés dans le carré de couches et qu'ils ne peuvent pas être dégarnis, on se servira, pour les lever, de deux ou quatre crochets, représentés fig. 6, et dont la tige doit être assez longue pour permettre d'atteindre jusqu'au-dessous des coffres. On présente la partie plate du crochet dans le sens de la paroi du coffre, on enfonce facilement ce crochet entre le fumier et le bois, et lorsqu'on sent qu'il est arrivé au-dessous de la planche du coffre, on le tourne dans le sens convenable pour saisir le dessous du coffre. Deux hommes au moins sont nécessaires pour ce travail; s'il y en a quatre, chacun d'eux se placera à 25 ou 30 centimètres des angles du coffre, mais deux seulement, ceux qui se font face au même bout, doivent agir à la fois. Le premier couple, ayant ébranlé, en soulevant par petites secousses, l'extrémité du coffre qu'ils ont crocheté, le second couple opère de même, et ainsi de suite alternativement, jusqu'à ce que le bas du coffre soit élevé à la hauteur de la terre. Après avoir placé des cales en bois ou des morceaux de briques sous les angles du coffre, afin de le maintenir solidement dans cette position, on comble avec de la terre le vide qu'il a laissé entre le sentier et la couche terreuse.

SOULÈVEMENT DES COFFRES.

Dans cette opération, on comprend l'importance de soulever le coffre par petites secousses, car il est présumable que la terre peut adhérer aux planches, et qu'en agissant brusquement on risquerait d'en enlever une certaine quantité pouvant envelopper des racines que l'on briserait. Les coffres ainsi élevés, on les couvre de châssis et l'on profite ou de la matinée, avant de donner de l'air, ou du moment où on l'a supprimé, pour recharger, jusqu'à la hauteur des châssis, les sentiers avec du fumier recuit, et les accots des extrémités avec des feuilles ou du vieux fumier. Si les plantes ont besoin d'eau, on saisira cette occasion pour les arroser, en appliquant spécialement la mouillure aux portions de terre qui ont été ébranlées par le soulevement des coffres; ce sera un moyen efficace d'atténuer le dommage qui aurait pu résulter de l'opération.

On continuera les mêmes soins jusqu'au moment où l'obligation de lever de nouveau les coffres se fera sentir. Cette fois on n'aura pas seulement à les soulever, on devra les exhausser.

EXHAUSSEMENT DES COFFRES.

On se rappelle que nous avons laissé ces coffres reposant sur le sol dans lequel sont plantés les Ananas, et que ce sol se trouve encaissé par les sentiers et les accots; il faudra donc, pour exhausser ces coffres, qu'ils soient maintenant supportés par des cales, qu'on aura soin de disposer d'avance suivant le hauteur voulue. A cet effet, on enlève les châssis, et, soulevant le coffre par les moyens précédemment décrits, on introduit avec précaution sous chacun de ses angles les cales en nombre convenable, en consolidant celles qui ont été placées primitivement et qui servent de base aux autres, car il ne faut pas oublier que c'est desormais sur ces cales que reposera tout le poids des coffres et des châssis. Comme je l'ai dit, au commencement de ce traité, les coffres peuvent être construits pour supporter un, deux ou trois châssis. Un coffre à un seul châssis est tout simplement un assemblage de planches fixées avec des clous sur quatre poteaux ; celui à deux châssis est construit d'une manière identique, mais il a une longueur double sur les côtés, qui nécessite l'application d'une traverse pour maintenir la jonction des planches. Cette traverse, située verticalement dans l'intérieur du coffre et allant de bas en haut, se trouve directement au milieu sous la barre qui constitue la séparation des deux châssis. Pour le coffre à trois châssis, qui est par conséquent muni de deux barres, il faudra une traverse en plus, et si l'on se figure maintenant ce coffre exhaussé, et ne portant que sur quatre poteaux, on comprendra la nécessité d'introduire une ou deux traverses, une pour le coffre à deux châssis, deux pour celui à trois châssis, dans sa partie inférieure, afin de maintenir l'écartement des parois latérales qui tendent à se rapprocher dans cet endroit, par suite de la poussée des matériaux composant les sentiers et les accots. Cet étai de bois, que l'on peut appeler arc-boutant ou étrésillon, est inséré en passant sous les feuilles des Ananas et vient s'appuyer contre les traverses verticales du coffre ; un fort échalas peut parfaitement remplir cette fonction. Ce travail terminé, on rechargera immédiatement, jusqu'à hauteur des châssis, les sentiers et les accots, car il est indispensable qu'ils soient conservés dans de bonnes conditions jusqu'à ce que les Ananas abandonnent leur position actuelle. Quant aux soins journaliers à donner à la plantation, ce sont toujours les mêmes, c'est-à-dire bassinages, arrosements, aération et suppression de l'air en temps convenable, et tout cela jusqu'au mois d'octobre. Pendant ce mois, les couvertures de nuit sont souvent nécessaires, mais il ne faut couvrir qu'à la tombée du jour, pour découvrir aussitôt qu'il paraît, à moins de cas de gelée blanche, ce qui arrive quelquefois à la fin d'octobre.

La culture ainsi poursuivie et soigneusement entretenue, nous arrivons nécessairement au but fixé par la nature à toute la création vivante, et nos plantes doivent avoir acquis la force qui convient pour qu'on puisse les disposer pour la fructification.

C'est vers la fin du mois d'octobre que les Ananas dont il s'agit doivent quitter la couche qu'ils occupent pour prendre bientôt possession du local où ils doivent porter leurs fruits.

Si la serre (figure 5) était entièrement libre à cette époque, on pourrait, sans songer à d'autres dispositions, lever ces Ananas en mottes et les transporter dans cette serre. Mais si cet emplacement n'était pas disponible, ou qu'il ne le fût qu'en partie, on serait obligé de prendre d'autres arrangements. Si on n'avait à sa disposition que la serre fig. 4 ou seulement la bâche fig. 3, on pourrait espérer obtenir, même sans chauffage, la fructification des plantes en question, dans de bonnes conditions ; dans la bâche fig. 3, mais les difficultés seront plus grandes que dans les autres; dans la serre fig. 4 les résultats seront moins beaux que dans celle fig. 5.

La figure 3 représente tout simplement la coupe d'une bâche en planches fixée sur des poteaux enfoncés dans la terre. Cette bâche, qui pourrait occuper avec avantage la tête du carré de couche, peut aussi être isolée ; dans ce cas, si le sous-sol était perméable, on devrait enfoncer la bâche dans le sol aussi profondément que possible, à cause des hivers rigoureux, ou bien abriter les accots et réchauds avec une grande quantité de feuilles. Cette bâche pourrait également être chauffée au moyen de tuyaux disposés comme le représente la figure 3, et l'on s'épargnerait ainsi beaucoup de soins, tout en évitant les dangers qui peuvent résulter, en hiver, pour une personne inexpérimentée, du manque de soleil et de la fonte des neiges sur les couvertures. Cette bâche, dans laquelle on peut obtenir, comme je l'ai dit, la fructification des Ananas, a pour principal mérite de convenir parfaitement pour la reprise des plantes, et de leur servir de dépôt où elles se conservent en bon état, et d'où l'on peut les retirer partiellement ou en totalité, pour planter la serre fig. 5. Nous allons donc nous servir de cette bâche pour faire reprendre nos plantes dans des pots de 18 à 20 centimètres de diamètre; cette reprise pourrait s'opérer également dans des coffres plus élevés, il est vrai, que ceux d'où nous enlevons nos Ananas, ou dans la serre fig. 4, mais pas aussi convenablement que dans la bâche fig. 3. Il serait à craindre, en effet, que les plantes destinées à la serre fig. 5, si elles devaient passer tout l'hiver dans une serre dans laquelle la chaleur nécessaire ne pourrait être fournie que par des tuyaux de chauffage, ne montrassent des dispositions à marquer fruit avant d'être plantées en pleine terre dans cette serre fig. 5.

Au commencement d'octobre, nous construirons donc dans la bâche fig. 3 une couche épaisse de 60 centimètres, composée de feuilles, vieux fumier, ou autres substances que j'ai énumérées en traitant de ce sujet, et confectionnée suivant le mode indiqué. Cette couche sera recouverte de 25 centimètres de tannée et garnie dans son pourtour, jusqu'à la hauteur des châssis, de sentiers et acots convenablement disposés.

L'empotage de cette époque et les soins ultérieurs à donner aux plantes sont absolument les mêmes que ceux de l'année précédente. Si la culture était assez importante pour exiger comme serres à fruit, non-seulement celle de la fig. 5, mais encore celle de la fig. 4 et autres, il serait opportun de faire immédiatement le choix des plantes qui doivent entrer dans la serre fig. 5. et de les placer pour la reprise dans un bout de la bâche fig. 3, en employant l'autre bout, s'il était vacant, pour faire reprendre les Ananas destinés à fructifier en pots dans la serre fig. 4. On pourrait aussi les placer pour la reprise dans cette dernière serre, si elle était libre et n'avait pas à subir des réparations. Autrement, on ferait reprendre ces plantes, comme l'année précédente, dans des coffres posés sur une couche adossée à la bache fig. 3, ce qui serait infiniment préférable, parce qu'on aurait ainsi le temps de disposer la serre pour y établir une bonne couche d'hiver, la réparer s'il y avait lieu, et dans tous les cas profiter de ce moment pour laver et nettoyer complétement toutes les parties, bois ou fer, et vitrage, car on se trouve à une époque de l'année où les jours vont toujours en diminuant, et il importe, si l'on veut obtenir de beaux résultats, de donner aux plantes toute la lumière possible. Comme je viens de le dire, les plantes, à cette époque, exigent les mêmes soins que ceux de l'année précédente.

Je cesserai de suivre un instant notre éducation, pour donner quelques détails sur le thermosiphon ou appareil de chauffage à circulation d'eau qui joue un rôle considérable dans les moyens de culture que je vais décrire.

THERMOSIPHON.

Depuis la réapparition (1) du thermosiphon, la science horticole a fait un grand pas dans les cultures forcées, les cultures d'Ananas et autres. C'est en 1829, au potager du château de Versailles, que furent faites les premières applications de cet appareil : j'étais, à cette époque, employé comme chef en second dans la partie des cultures forcées, et serres à Ananas, et je dus quitter cette position en 1832, pour venir former à Paris un établissement considérable pour les différents genres de cultures d'amateur. C'est là que j'ai commencé à introduire des modifications notables dans le genre de chauffage en question, et c'est en 1836 que je l'ai appliqué pour la première fois aux cultures commerciales, qui étaient ma propriété. Ce système de chauffage

(1) Je dis réapparition parce que le thermosiphon existe depuis 1792 ou 1799, mais on n'en avait tenu aucun compte et c'est lement en 1829 qu'il est revenu à la lumière.

me paraissant propre à donner des résultats qui n'avaient pas été encore obtenus dans les cultures de Paris, je mis tous mes soins à modifier et améliorer cet appareil, de manière à le rendre accessible aux petits établissements, sans toutefois amoindrir son efficacité par des économies mal placées. Je l'appliquai ensuite aux serres à multiplication, et, par mes conseils, il s'est généralisé au point où nous le voyons aujourd'hui. Ce mode de chauffage fut d'abord mal compris par certains horticulteurs et par la plupart des constructeurs ; et ces derniers rivalisèrent d'imagination pour présenter des appareils souvent originaux, mais d'une pratique difficile. Nous ajouterons avec regret que quelques horticulteurs et amateurs ont été les victimes de ces prétendues améliorations.

Ce système de chauffage est tellement simple, qu'il suffira de quelques mots pour le faire comprendre. L'agent principal, c'est le calorique ; celui-ci peut être produit par des matières combustibles ou inflammables telles que bois, houille et gaz. On sait que l'eau à la température de 4 degrés au-dessus de zéro est à son maximum de condensation, c'est-à-dire qu'elle occupe le plus petit espace possible pour un même poids, et que la chaleur, la dilatant, en écartant ses molécules, elle acquiert un volume plus considérable. Par suite de cette dilatation, elle devient plus légère et tend à monter vers la partie la plus élevée de l'appareil, d'où elle s'échappe dans les conduits supérieurs pour être ramenée dans la partie la plus basse de l'appareil, après avoir échauffé dans son passage tous les tuyaux destinés à chauffer la serre. En résumé, le système consiste en un chauffage par circulation d'eau, qui se met en mouvement par suite de sa dilatation. La capacité de la chaudière doit être en rapport avec la quantité d'eau qui doit parcourir les conduits, et la disposition du foyer devra être modifiée suivant le combustible employé. Ce foyer, par exemple, si on chauffait avec du bois, devrait être plus grand que si on faisait usage de houille, quoiqu'on puisse se dispenser souvent de ce dernier combustible toujours coûteux, lorsqu'on peut avoir à sa disposition, et c'est ordinairement le cas en province, des bois de peu de valeur.

Pour être dans de bonnes conditions, l'appareil de chauffage doit présenter à l'action du combustible une grande surface de chauffe, et contenir le moins d'eau possible (1). Je ne dirai pas de même pour les tuyaux destinés à chauffer la serre, mon expérience m'a conduit à préférer les gros aux petits; il est bien vrai que pour une égale surface de chauffe dans la serre les tuyaux de petit diamètre seront plus rapidement échauffés, mais, d'un autre côté, en raison de leurs dimensions moindres, ils

(1) M. Gervais, fabricant de chauffages à Paris, par qui j'ai fait faire mes premiers chauffages, et à qui j'ai communiqué mes premières idées, en construit aujourd'hui qui sont assez puissants pour chauffer plusieurs serres à la fois ou séparément au moyen de robinets d'arrêt. Cet appareil présente une notable économie de temps et de combustible.

seront plus tôt refroidis. Dans ce dernier cas, on serait dans l'obligation, si l'établissement était un peu considérable, d'avoir un chauffeur spécial pour entretenir continuellement plusieurs fourneaux, et cette vigilance serait coûteuse en même temps que pénible, pour ne pas dire impossible à un seul homme qui ne peut se passer de repos. L'emploi de ces petits conduits sera donc utile pour obtenir promptement de la chaleur, car on peut les multiplier, avoir ainsi dans la serre une grande surface de chauffe facile à alimenter avec une quantité d'eau minime relativement à la longueur de son parcours. Selon moi, ce moyen ne peut être appliqué qu'aux bâches ou serres qu'on chauffe accidentellement ou lorsqu'on veut se parer contre les petites gelées.

Mais il en est autrement pour les serres chaudes, et je comprends dans cette catégorie les serres à multiplication, les serres à Ananas et celles à cultures forcées, on y a besoin d'une chaleur regulière autant que possible, et, pour arriver à ce résultat, le diamètre des tuyaux doit être en rapport avec le volume d'air qu'il faut échauffer et maintenir à une haute température.

Nous savons que par l'effet du rayonnement, les températures diverses de tous les corps tendent à s'équilibrer entre elles ; or les tuyaux remplis d'eau chaude rayonnent sur toutes les parties de leur surface, et il suit de ce fait que si les tuyaux d'un grand diamètre sont plus lents à s'échauffer, ils sont pour la même raison plus longtemps à se refroidir, et fournissent par cela même une chaleur plus régulière et plus durable.

Ces appareils de chauffage peuvent être construits en fonte de fer, en tôle de fer, ou en cuivre laminé ; c'est à ce dernier métal que je donne la préférence, parce qu'il est moins sujet à s'oxyder pendant la saison où la chaudière ne fonctionne pas. Quant aux tuyaux, ils peuvent être également fabriqués avec plusieurs métaux, tels que cuivre, fonte de fer, fer galvanisé, zinc, etc. ; mais le cuivre est encore ici préférable, bien qu'il soit d'un prix plus élevé, parce qu'il a une plus longue durée et qu'il conserve, comme métal usé, une valeur plus grande que les autres substances métalliques.

Après le cuivre, c'est la fonte de fer dont l'emploi est le plus avantageux, mais avec cette matière on ne peut pas avoir des tuyaux-gouttières, et ces tuyaux de fonte, qui demandent à être posés sur des appuis solides, ne sauraient, comme ceux de cuivre, convenir dans toutes les circonstances. Le cuivre en effet est doué d'une souplesse que n'a pas la fonte, et les tuyaux en ce dernier métal ne pourraient, par conséquent, à cause de leur rigidité, être employés dans les bâches en bois, comme dans celle de la fig. 3, par exemple, et autres bâches et serres portatives servant aux cultures forcées.

Après ces explications, qui ne pourraient être complétées que dans une description des cultures forcées de fruits et de légumes, je reviens à mon sujet.

Poussé par le désir de faire arriver l'Ananas à son maximum de développement, en dépensant le moins possible, j'ai reconnu la possibilité de remplacer les fumiers, primitivement employés, à grands frais de main-d'œuvre sous les planchers sur lesquels nous installons notre culture, par l'emploi du thermosiphon. J'imaginai d'abord de faire passer les conduits dans la chambre chaude sous le plancher, mais la chaleur ainsi fournie étant trop sèche, il était impossible d'empêcher le desséchement de la terre sur le plancher, effet d'autant plus nuisible qu'un grand nombre de racines arrivent jusque-là. J'eus alors l'idée d'établir un ruisseau sous mon plancher, en déversant l'eau de mon thermosiphon dans des gouttières ; la circulation s'opéra à merveille, mais j'obtins un effet contraire au premier. La vapeur qui s'élevait de mon ruisseau d'eau chaude était si considérable, qu'elle pénétrait la surface inférieure du plancher et rendait la terre trop mouillée. De là me vint l'idée des tuyaux-gouttières, que je mis aussitôt à exécution, et le *problème était enfin résolu.* Je ferai observer, toutefois, que pour que mon système remplisse parfaitement le but proposé, il est indispensable qu'il soit construit et organisé comme l'indique la figure 5.

TUYAUX A GOUTTIÈRES.

Ce genre de tuyau est un simple tuyau rond dont la face supérieure est aplatie et surélevée au moyen d'une bande de cuivre de 5 à 6 centimètres de hauteur, soudée sur chacune des parois latérales, ce qui donne à cette partie du tuyau la forme d'une gouttière. Je n'ai pas besoin de dire que ces tuyaux doivent être posés de niveau, pour que les gouttières puissent s'emplir quand on le juge nécessaire. Ils sont placés sur des supports qui les isolent du terre-plein de la chambre chaude et à une hauteur telle que la chaleur qu'ils émettent puisse arriver d'une manière uniforme à la surface inférieure du plancher. Les tuyaux-gouttières de la chambre chaude et les trois autres qui sont destinés à échauffer l'air atmosphérique de la serre, sont adaptés au même appareil de chauffage, mais celui-ci doit recevoir une combinaison particulière qui permette de chauffer tout le système à la fois, ou seulement les tuyaux-gouttières. Dans ce but, la chaudière doit être placée assez bas pour qu'on puisse établir sur le tuyau de départ deux branchements, fonctionnant à volonté d'une manière indépendante; le premier devra donc être adapté à la hauteur des tuyaux-gouttières, et le second à celle du tuyau le plus élevé de ceux qui courent dans l'intérieur de la serre, et dont l'eau, après sa circulation, vient se déverser près de la chaudière dans le tuyau inférieur. Cette disposition est nécessaire, parce qu'il peut arriver que vers la fin de juin ou juillet, la température extérieure soit suffisamment élevée pour permettre de supprimer le chauffage destiné à fournir artificiellement la chaleur convenable dans l'intérieur de la serre, mais qu'elle ne soit pas encore assez régulière pour dispenser de chauffer la chambre chaude. On arrive au résultat voulu, au moyen d'un robinet à deux eaux, placé au branchement de la partie supérieure de l'appareil, et qui, fermé ou ouvert, arrête la circulation ou la laisse continuer; en vidant les tuyaux de la partie supérieure du système, la circulation ne fonctionne plus que dans les tuyaux-gouttières.

Comme on a pu le comprendre, la gouttière est destinée à vaporiser de l'eau, pour charger d'humidité l'air de la chambre chaude, empêcher le dessèchement du plancher et par suite de la terre qu'il supporte. On peut alimenter cette gouttière par de l'eau venant du dehors qui y est amenée au moyen d'un tuyau en plomb traversant le mur, mais il est préférable de se servir à cet effet d'un robinet à deux eaux, soudé, à la portée de la main, sur le côté d'un des tuyaux supérieurs de la serre, et qui, traversant la terre et le plancher, vient verser dans la gouttière l'eau qu'il emprunte à volonté au tuyau de circulation; pour remplacer cette eau dans le système, il suffit d'en verser une quantité égale dans la chaudière. Comme nous avons pour but d'obtenir de la vapeur, il est facile de concevoir que nous atteignons ce résultat plus facilement et avec beaucoup plus de rapidité en introduisant ainsi de l'eau chaude dans la gouttière, avec la possibilité de régler, suivant les besoins, le degré convenable d'humidité. Tous mes essais comparatifs m'ont démontré que la chaleur humide était plus pénétrante que la chaleur sèche, et élevait plus promptement la température des corps environnants qui en étaient imprégnés. Avec un peu de pratique, un homme intelligent appréciera bientôt la quantité d'eau que doivent recevoir les gouttières; en sondant simplement la terre qui repose sur le plancher, il reconnaîtra si elle se tient trop humide ou trop sèche, et cette indication suffira pour lui donner la mesure de l'eau qu'il doit déverser. Il devra aussi entrer de temps en temps dans la chambre chaude, pour se rendre compte de l'état de la surface inférieure du plancher ; celle-ci doit être constamment humide sans être cependant trop mouillée. Cette visite sera nécessaire dans la saison d'hiver, surtout au moment des grands froids, car alors la chambre chaude peut et doit venir en aide aux tuyaux de l'intérieur de la serre pour augmenter la chaleur de son atmosphère. Comme le même appareil sert au chauffage des gouttières de la chambre chaude et des trois tuyaux de l'intérieur de la serre, il serait possible qu'on se trouvât obligé, à l'époque des grandes gelées d'hiver et surtout sous une latitude plus froide que celle des environs de Paris, de forcer le feu dans le foyer de la chaudière pour obtenir la chaleur voulue dans l'intérieur de la serre, et qu'on échauffât ainsi la terre outre mesure. On obviera à cet inconvénient au moyen de plusieurs cheminées, qui ne sont autre chose que de simples tuyaux de poterie en terre cuite de 30 centimètres de hauteur sur 15 à 20 centimètres de diamètre, posés debout sur des trous ménagés à cet effet dans le plancher et pratiqués à la portée de la main. Après avoir calculé d'avance le nombre de plantes qui doivent occuper le premier rang de la couche, on dispose un de ces trous dans l'intervalle qui sera laissé entre deux plantes de ce 1er rang, et le long du chemin de la serre, en les munissant de couvercles en terre cuite qui permettent de les tenir ouverts ou fermés à volonté. En ouvrant ces cheminées, la chaleur tend naturellement à monter de la chambre chaude dans l'intérieur de la serre, et la température de la serre se trouve ainsi élevée aux dépens de la chambre chaude dont la chaleur se trouve diminuée. On ne devra pas se préoccuper des émanations de vapeur qui pourront s'échapper par ces cheminées, car les Ananas, comme nous l'avons dit au commencement de ce traité, aiment à vivre dans une température chaude et humide.

En examinant les figures 4 et 5, on remarque que les conduits de chaleur sont placés dans la partie la plus basse de la serre ; cette disposition est importante, car la chaleur, en vertu de sa force ascensionnelle, tend à s'accumuler dans les parties hautes, et sa répartition bien égale dans une serre demande par conséquent qu'elle parte de la partie la plus basse. Il est même essentiel que la plus forte somme de chaleur fournie par l'appareil se dégage vers le bas de la partie vitrée, et c'est pour cela que je place deux conduits de chaleur au bas du vitrage de la partie antérieure de la serre, et un seul le long du chemin.

Comme je l'ai dit plus haut, la serre à Ananas laisse toujours quelque chose à désirer sous le rapport de la propreté, à cause des couvertures d'hiver et du combustible que l'on emploie journellement. Si elle devait être établie dans le potager, il faudrait, autant que possible, choisir un emplacement qui permît de construire un hangar appuyé sur le mur de derrière de cette serre, et c'est là qu'on devrait emmagasiner les provisions de combustible et placer l'entrée de la chambre chaude. Par cette disposition, la façade de la serre ne présenterait rien de disgracieux, et la propreté de l'intérieur serait mieux conservée.

Dans l'exploitation de cultures quelconques, il est toujours nécessaire d'avoir un emplacement couvert pour faire les empotages, mettre des terres à l'abri, emmagasiner le combustible, resserrer les châssis de couches, paillassons, poteries et autres objets dont la vue n'a rien d'agréable. Si, par exemple, la serre aux Ananas devait être construite dans une partie du jardin d'agrément, il faudrait au moins la placer dans une échancrure sur le front d'un massif d'arbres ou d'arbrisseaux d'ornement, afin de pouvoir dissimuler l'excavation nécessaire pour le fourneau, l'entrée de la chambre chaude, etc... On doit aussi prendre dans l'épaisseur du mur de derrière de la serre l'emplacement d'un bassin ou réservoir d'eau par les arrosements ; celui-ci peut trouver sa place au-dessus de l'excavation réservée au fourneau.

Une serre déjà établie et qui n'aurait encore servi qu'à la culture des Ananas en pots, pourrait être facilement appropriée, et sans beaucoup de frais, au mode de culture que nous décrivons en ce moment. Il suffirait pour cela d'enlever tous les matériaux de la couche existante, d'installer un plancher à 30 centimètres en contre-bas du mur qui supporte la couche et de faire passer dessous des tuyaux-gouttières. Si la serre était déjà chauffée au moyen du thermosiphon, une légère modification à l'appareil permettrait d'y adapter les tuyaux-gouttières, et cette serre, ainsi transformée, pourrait servir également et avec avantage à la culture en pots, car on aurait, comme dans le cas de la pleine terre, une couche perpétuelle facile à chauffer. Alors, on remplacerait la terre par de la tannée, de

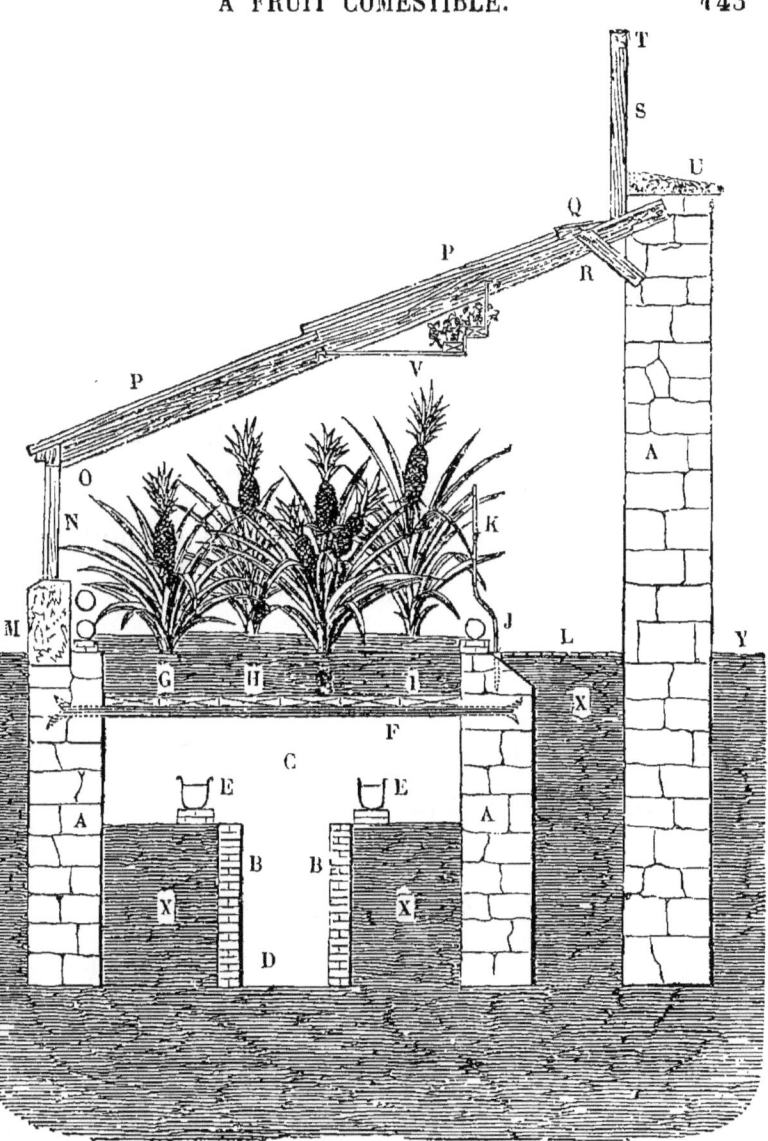

Fig. 5.

Cette coupe de serre ayant été construite sur une échelle de 5 centimètres par mètre, se trouve réduite à 17 millimètres par mètre, à cause du format de l'ouvrage.

la sciure de bois ou de la mousse; ces trois substances peuvent être employées à l'exclusion l'une de l'autre; mais, mêlées ensemble, elles fourniront un milieu excellent pour y enfoncer les pots.

Explication de la figure 5.

AAA. — Mur en moellons ou autres matériaux.

BB. — Petit mur en briques pour soutenir le terre-plein du chemin de la chambre chaude.

C. — Chambre chaude.

D. — Chemin dans la chambre, en cas de réparations des tuyaux-gouttières.

E. — Tuyaux-gouttières.

F. — Traverses en fer supportant le plancher, posées à 50 centimètres les unes des autres.

G. — Plancher. — Il peut être établi en planches de chêne, en tuiles ou en grands carreaux en terre fabriqués exprès.

H. — Terre dans laquelle sont plantés les Ananas.

I. — Cheminées traversant le plancher et la terre, et destinées à diminuer la chaleur de la chambre chaude au profit de l'intérieur de la serre. Trois de ces cheminées peuvent suffire pour une serre de 12 mètres de longueur.

J. — Tuyaux de chauffage de l'intérieur de la serre.

K. — Tiges en fer scellées dans la mur, à 2 mètres de distance les unes des autres, et servant à fixer trois fils de fer galvanisé destinés à soutenir les feuilles des plantes.

L. — Chemin de la serre.

M. — Parpaing en pierre.

N. — Chevron et châssis posés verticalement. Ces châssis s'ouvrent de deux un pour donner de l'air dans les grandes chaleurs, ceux qui s'ouvrent sont attachés à une traverse de la partie haute et se développent par le bas.

O. — Chevron supportant les grands châssis.

PP. — Châssis. — Ceux de la ligne du bas sont tous fixés, ceux de la ligne du haut s'ouvrent de deux un, alternativement avec le petit châssis du bas, et se developpent par le haut au moyen d'une tige fixée par un piton à vis sous la traverse du haut du châssis. Cette tige est munie d'une poignée portant à sa face postérieure un mamelon saillant que l'on peut faire correspondre aux divers trous d'une plaque de fer fixée à fleur du mur de derrière de la serre. Cette tige-crémaillère peut donner au châssis une ouverture de 50 centimètres.

Q. — Toiture faisant suite aux châssis.

R. — Petit chevron supportant le plafond incliné du haut de la serre.

S. — Tige en bois ou en fer supportant la main-coulante.

T. — Main-coulante sur laquelle on relève les paillassons.

U. — Dalle en pierre ou en terre cuite couronnant le mur et servant de chemin, pour couvrir et découvrir.

V. — Support en fer pour porter des tablettes sur lesquelles on place des fraisiers en pots. Ces supports sont fixés au moyen de clous à crochet ou de pitons, ce qui permet d'enlever tablettes et support quand la récolte des fraises est faite, et de les replacer à l'occasion.

X. — Terre-plein.

Y. — Sol du dehors.

Tout ou partie des plantes relevées de pleine terre en octobre et placées dans la bâche fig. 3 pour leur reprise en pots après une année de culture ont dû passer dans cette position une partie de l'hiver. Elles ont dû recevoir, comme je l'ai dit, des soins analogues à ceux qu'on leur a donnés l'hiver précédent. J'ai dit également que, si la serre fig. 5 était libre à cette époque, les plantes destinées à la garnir pouvaient être levées en mottes, transportées et replantées immédiatement dans cette serre, qui aurait été préalablement préparée comme suit pour les recevoir. Supposant cette serre neuve, si le plancher destiné à supporter la terre est construit en planches, je ferai observer que les planches qui le composent ne doivent pas être jointes, mais laisser entre elles un intervalle d'un centimètre au moins, à cause du gonflement des bois resultant de leur exposition à une chaleur humide. On peut employer ces planches à l'état brut, mais il faut choisir les plus larges pour être posées au dessus des tuyaux-gouttières, afin d'éviter que les parcelles de terre pouvant tomber par les interstices du plancher, viennent les obstruer et les empêcher de s'emplir d'eau en totalité. En supposant encore que l'on se serve de terre de bruyère, on doit préalablement calculer en mètres cubes la quantité nécessaire, en prenant pour base une épaisseur de 25 centimètres, étant déjà connues la longueur et la largeur de la surface à couvrir. On battra cette terre, on la fera passer à travers une claie grossière, et l'on mettra de côté tous les résidus composés de tiges et racines de bruyère, ainsi que de souches de différentes herbes dures. Tous ces résidus seront étendus sur le plancher de la serre, avec tous ceux qui pourraient provenir de l'emploi de la terre de bruyère pour d'autres cultures, de manière à former, avant tout dépôt de terre, une couche de cinq à six centimètres d'épaisseur, réduite plus tard à trois ou quatre centimètres par la charge de la terre. Ces résidus servent à établir une espèce de drainage; les racines des Ananas en parcourent le vides, et se nourrissent de leur décomposition. Après cela on transporte la terre sur ce lit de résidus, en ayant soin de ne pas mélanger les deux couches, afin que ces résidus ne puissent pas revenir à la surface du sol lorsqu'on opérera la plantation. Pour se bien assurer que la terre déposée sur le plancher représente bien l'épaisseur voulue de 25 centimètres, on foulera la couche avec les pieds sur toute sa surface, et après l'avoir bien égalisée, on y ajoutera, s'il y a lieu, la quantité nécessaire pour la compléter. On donnera ensuite un labour à la fourche, en ayant bien soin de ne pas ramener sur le sol les résidus qui se trouvent sous terre. La serre ayant été préalablement nettoyée, le vitrage et les bois parfaitement lavés, on fermera toutes les issues, principalement celles de la chambre chaude ; on couvrira de paillassons la nuit, on emplira d'eau toutes les parties de l'appareil de chauffage ainsi que les gouttières, et l'on placera enfin dans la terre un thermomètre dont le tube devra descendre jusqu'auprès du plancher. Puis on chauffera l'appareil deux ou trois jours, en maintenant les gouttières toujours pleines d'eau, afin de produire de la chaleur humide, à l'action pénétrante, dont tous les corps environnants seront bien vite imprégnés. Quand le thermomètre marquera trente degrés, on pourra procéder à la plantation.

Si la serre est construite suivant la figure 5, on y pourra loger quatre rangées de plantes ; ces rangées seront à cinquante centimètres les unes des autres, celles des deux rives seront distantes de 27 centimètres des bords de la couche, et les plantes seront disposées, à des intervalles de 80 centimètres sur la ligne et en échiquier. Pour donner à cette plantation la régularité convenable, on marquera d'abord aux deux bouts de la serre la place que doit occuper chacun des quatre rangs ; puis, opérant par division, on tracera sur le mur ou sur l'un des conduits les points où chacune des plantes devra se trouver sur la ligne. Pour faire cette division, on partira d'un bout, en observant l'intervalle de 80 centimètres, pour arriver à l'autre bout à 40 centimètres et *vice versâ*. Pour que la terre ne soit pas plus tassée en un endroit qu'en un autre, on évitera de marcher dessus pour transporter les plantes et pour opérer la plantation. A cet effet on disposera sur la terre une rangée de planches à 50 centimètres du premier rang pour supporter les pieds du planteur, et une autre rangée en arrière pour faire le transport des plantes : le premier rang est celui qui se trouve près des tuyaux du bas de la serre. Avant de planter ce premier rang, on devra tendre un fil de fer galvanisé, à la hauteur du tuyau supérieur, à une distance de 8 à 10 centimètres de sa face antérieure, afin d'empêcher le contact des feuilles des plantes toujours croissantes avec ce tuyau dont elles ne pourraient supporter la chaleur intense. Ce fil de fer doit être attaché aux deux extrémités de la serre d'une manière assez solide pour qu'il soit tendu dans toute sa longeur ; il est soutenu dans la partie intermédiaire par deux ou trois piquets enfoncés dans la terre le long du mur. Tous ces préparatifs terminés, on creusera à la bêche tous les trous destinés à recevoir les plantes du premier rang, en déversant la terre de chacun de ces trous sur le même côté. Ils devront avoir une largeur de

20 à 25 centimètres, et atteindre en profondeur la couche de résidus ; ils seront faits de manière que la plante se trouve directement sur la ligne du rang et en face de la marque tracée sur le mur ou sur le tuyau. Le cordeau ne pouvant être employé pour l'alignement des plantes, à cause des buttes de terre provenant des trous, on y suppléera par une baguette de 27 centimètres de long qui, couchée sur la terre, touchera par une de ses extrémités la division tracée sur le mur, et de l'autre indiquera le point où devra être placée la plante que l'on tient en main.

Pour cette plantation, il faut nous reporter à l'opération que nous avons exécutée en octobre, quand nous avons levé les Ananas de la pleine terre, pour les placer dans la bâche fig. 3. Nous avons dit, on doit se le rappeler, que si la serre, figure 5, était entièrement libre à cette époque, on pouvait la planter immédiatement ; l'opération d'octobre n'aura donc servi que pour les plantes qui n'auraient pas été choisies pour entrer dans la serre fig. 5, mais elle était toujours nécessaire pour les Ananas que l'on doit conserver pour remplacer ceux qui auraient mûri leurs fruits les premiers. Si les circonstances le permettent, il faut donc procéder aux deux opérations simultanément, c'est-à-dire lever de la pleine terre toutes les plantes désignées pour entrer dans la serre fig. 5 et replanter en pots toutes celles qui restent, comme je l'ai indiqué, pour l'opération d'octobre. Toutefois si la bâche, fig. 3 faisait défaut, on pourrait employer des coffres comme figure 2, préparés suivant les indications données à l'automne précédent.

On profitera donc d'un beau jour pour cette opération, car il est nécessaire de découvrir à l'avance toutes les plantes, afin de choisir celles que l'on destine à la serre fig. 5, et qui seront marquées par une baguette, avant de procéder à leur arrachage. En outre, on devra dresser une liste des variétés qui doivent composer cette plantation, avec indication du nombre de chacune d'elles, car chaque variété doit être, autant que possible, représentée dans les quatre rangs, suivant l'ordre ordinaire de hauteur des plantes et suivant les époques de maturité de leurs fruits ; ainsi donc, étant données quatre plantes de chaque variété pour une plantation, chaque rang en devra posséder une. La plantation devant commencer par la partie la plus basse de la serre, on doit choisir, pour composer le premier rang, la plante la plus basse de chaque variété. Supposons, par exemple, que l'on ait à sa disposition les 24 variétés désignées dans ce traité et que la serre soit assez spacieuse pour les contenir toutes représentées par quatre plantes, il sera avantageux de les planter dans l'ordre ci-après, pour faciliter leur remplacement, s'il y a lieu. Ce n'est pas à dire que quatre plantes de la même variété doivent nécessairement mûrir leurs fruits au même moment, mais il y a grande probabilité qu'elles se suivront de plus près dans cette maturité que si elles avaient été placées sans ordre. Au surplus quatre plantes situées en face l'une de l'autre seront bien plus faciles à remplacer que si elles étaient placées isolément.

Il faut aussi tenir compte, dans l'ordre à observer dans la plantation, du coup d'œil que doit présenter une serre en y entrant, et pour cela il convient de commencer la plantation du côté de l'entrée par les plantes les plus basses en passant graduellement aux plus hautes. Si la serre avait deux entrées, une à chaque bout, il serait préférable d'établir deux pentes en plaçant au milieu les plantes de la plus haute venue, car il existe une différence notable entre la variété qui s'élève le plus naturellement et celle qui s'élève le moins. On voit donc que si la plantation était faite sans ordre, certaines plantes pourraient être couvertes par d'autres et être empêchées dans leur développement. En supposant que l'on ait à planter tout ou partie des variétés désignées dans ce traité, on pourra adopter l'ordre approximatif suivant pour les hauteurs en commençant par l'Ananas que l'on considère comme le plus bas.

1. Ananas de la Havane à fruit rose.
2. — — à fruit vert.
3. — de la Martinique.
4. — Comte de Paris.
5. — du Montserrat.
6. — Princesse de Russie.
7. — de la Martinique à feuilles lisses.
8. — Noir de la Jamaïque.
9. — de Java.
10. — de la Guadeloupe gros cœur.
11. — Reine Barbade.
12. — Antigoa vert.
13. — pain de sucre à feuilles rayées brun.
14. — pain de sucre brun.
15. — Duchesse d'Orléans.
16. — de L'Urugay ou Lelong.
17. — de Cayenne à feuilles lisses.
18. — — Charlotte Rothschild.

19. Ananas Enville.
20. — Enville Pelvilain.
21. — Enville Mme Gontier.
22. — de la Providence.
23. — de Cayenne à feuilles épineuses.
24. — Violet de la Jamaïque.

Si la culture était assez importante pour renfermer toutes ces variétés, il serait préférable de séparer la serre en deux par une cloison vitrée, et de même la chambre chaude, ce qui nécessitera quelques modifications dans le système de chauffage.

Dans une serre construite d'après les indications précédentes, il est nécessaire, si l'on veut avoir la faculté de chauffer un seul compartiment, de placer l'appareil de chauffage au centre, et de lui adapter deux branchements avec robinets d'arrêt, en conservant toujours l'entrée de la chambre chaude sous le hangar derrière la serre. En adoptant ce système, on devra changer l'ordre de plantation, c'est-à-dire réunir dans le même compartiment toutes les variétés qui montrent des dispositions à mûrir leurs fruits à la même époque, ce qui rendra la culture plus facile et permettra d'avoir sûrement un compartiment libre chaque année pour planter à neuf.

Après avoir dressé la liste des variétés destinées à la serre fig. 5, en avoir divisé le nombre total par quatre et avoir par conséquent déterminé les plantes de chacune de ces variétés qui doivent entrer dans chaque rang, on pourra procéder à la plantation.

Le surplus des plantes qui doivent composer la plantation de la serre seront arrachées et replantées en pots, comme je l'ai dit plus haut, mais celles qui doivent y être plantées immédiatement seront levées avec plus de précaution, en leur conservant une motte plus forte, si cela est possible.

Les trous destinés à recevoir, dans la serre, les plantes du premier rang, étant déjà faits, comme on s'en souvient, chaque plante sera levée avec une bêche, on en diminuera la motte de manière à la rendre transportable en passant les deux mains par-dessous, on retirera quelques feuilles au collet pour découvrir seulement ces mamelons qui vont se développer en racines, et après avoir détruit les yeux mis à découvert par le retranchement des feuilles, on supprimera un bout du talon, si celui-ci était trop long pour empêcher le collet de la plante d'être suffisamment enterré.

Les plantes n'auront pas besoin de ligature, elles vont être assez espacées dans la serre pour rendre cette précaution inutile. La plante levée et préparée doit être immédiatement transportée et déposée dans le trou qui lui est destiné, elle y sera fixée à une profondeur telle que, la terre provenant du trou, ramenée autour d'elle, tassée et nivelée, son collet soit enterré d'au moins cinq centimètres. Il est bien entendu qu'on aura eu bien soin de ménager les racines et de les replacer, autant que possible, dans les directions qu'elles occupaient dans le coffre qui les contenait avant l'arrachage, et que la surface du sol sera enfin nivelée et tassée de manière à obtenir une consolidation parfaite de la plante. On répétera la même opération pour toutes les autres plantes.

Ce premier rang planté, on exécutera la plantation du second de la même manière, en observant toujours le même ordre, afin que les sujets de la même variété se trouvent réunis dans une ligne transversale de la serre. Avant de procéder à la plantation du troisième rang, il faudra couvrir le sol occupé par les deux premiers, d'une couche de paillis d'environ deux centimètres d'épaisseur, pour régulariser les arrosements et empêcher le dessèchement trop rapide du terrain ; on prendra la même précaution pour le surface restante de la serre, lorsque la plantation sera complétement terminée. On donnera alors une mouillure aux plantes avec un arrosoir à bec, dans la proportion d'un litre d'eau pour chacune, en ayant soin de verser l'eau dans l'aisselle des feuilles inférieures, puis on placera trois fils de fer pour soutenir les feuilles des plantes, comme il est indiqué dans la figure. La serre ainsi plantée et débarrassée de tous les objets qui ont servi à l'opération, on fermera hermétiquement toutes les portes et châssis, on couvrira de paillassons (1) la nuit, mais la nuit seulement, pour cesser vers la fin de mars ou commencement d'avril. On ombrera pendant une quinzaine de jours, s'il fait grand soleil, mais uniquement pour empêcher le thermomètre de monter au-dessus de 30 degrés.

On chauffera l'appareil de manière à entre-

---

(1) On se sert aujourd'hui d'un procédé très-avantageux pour la conservation des paillassons, il consiste à les faire tremper pendant 24 heures dans une dissolution de sulfate de cuivre, dans la proportion de 2 kilog. de sulfate pour cent litres d'eau. L'opération se fait avec succès de la manière suivante : après avoir effectué la dissolution susdite dans un bassin de forme spéciale pour cet usage, on plonge dans le liquide une certaine quantité de paillassons, en ayant soin de les charger pour que toutes leurs partie soient complétement submergées. Lorsqu'ils ont séjourné le temps voulu dans la dissolution, on les retire, et on les étend sur des barres de bois disposées au-dessus du bassin pour recueillir le liquide provenant de leur égouttage, on les fait ensuite sécher. Par ce procédé on conserve en même temps la paille et la ficelle des paillassons.

tenir jour et nuit, avec l'aide des couvertures, une chaleur de 20 à 25 degrés pour l'intérieur de la serre et de 30 à 35 pour la terre. On donnera trois bassinages par jour, un le matin, un autre vers le milieu du jour, et le troisième le soir. Ces bassinages doivent être faits avec des arrosoirs à pomme très-fine ou avec la pompe-seringue; ils doivent produire l'effet d'une rosée, et ne dépenser que 10 litres d'eau pour une serre d'une longueur de 12 à 15 mètres. Si les tuyaux du thermosiphon sont chauds, on versera avec l'arrosoir un peu d'eau sur toute la longueur du tuyau couché sur le bord du chemin, dans le but de charger d'humidité l'atmosphère de la serre. Il est important de faire observer que les bassinages ne produisent un bon effet que lorsque la température de la serre est élevée et maintenue dans cet état, autrement ils seraient plutôt nuisibles que salutaires. J'ai dit, en commençant ce travail, que les Ananas se plaisaient dans une atmosphère chaude et humide, j'ajouterai que les plantes dont nous nous occupons actuellement demandent plus que jamais cette température particulière, par la raison qu'elles se trouvent dans un local plus spacieux que celui d'où elles sortent, et que ce dernier, vu son exiguïté comparative, avait une atmosphère plus concentrée et par suite plus chargée d'humidité, provenant naturellement de la vapeur chaude dégagée par les fumiers et feuilles en fermentation qui garnissent les coffres.

Bien que nous ayons laissé aux plantes une bonne quantité de leurs racines, celles-ci, on le comprend, éprouvées par l'arrachage, perdent une partie de leurs propriétés nourricières. Ces plantes peuvent donc être considérées pendant un certain temps comme des boutures faites sous une grande cloche, et les racines que nous leur avons laissées, aidées par l'air concentré, humide et chaud comme servant à continuer la végétation de la plante et à provoquer rapidement l'émission de nouvelles racines. Celles-ci partiront surtout des mamelons que nous avons découverts sur la tige par la suppression des feuilles et seront les plus nourricières.

A partir de cette époque, les soins à donner aux plantes seront les suivants : mouillures assez fréquentes pour entretenir la terre constamment humide sans être cependant trop mouillée ; sondages de temps à autre de la couche en pénétrant jusqu'au plancher, afin de vérifier les divers états de la masse terreuse. C'est par ce moyen qu'on pourra juger de la quantité d'eau qu'il faudra déverser dans les gouttières ; la diminuant, si la terre qui repose immédiatement sur le plancher était trop humide, l'augmentant au contraire, si cette terre était trop sèche. On consultera souvent le thermomètre placé dans la terre, et surtout au moment des grands froids, parce qu'on est obligé, à cette époque, de forcer le feu pour obtenir la chaleur voulue dans l'intérieur de la serre. Si par suite la température de la chambre chaude devenait trop élevée, ce serait alors le cas de déboucher les cheminées, toutes ou quelques-unes, car il est facile de comprendre qu'en diminuant par évacuation la chaleur de la chambre chaude, on augmentera d'autant celle de l'intérieur de la serre. On pourrait se dispenser de donner des bassinages pendant l'ouverture des cheminées; car la chaleur qui s'en échappe, chargée de vapeur, en tiendrait lieu et convient parfaitement aux plantes.

Les bassinages devront être un peu modifiés pendant la saison d'hiver, dans les mois de novembre, décembre et février; ils seront rendus plus abondants dans la saison suivante, c'est à-dire qu'on emploiera pour les faire une quantité d'eau plus considérable, en observant toutefois, dans ces deux saisons, hiver et printemps, de ne se servir pour les bassinages et les mouillures, que d'eau à la température de l'atmosphère intérieure de la serre. En février, les jours commencent sensiblement à grandir, la végétation, soutenue par la chaleur artificielle, tend à reprendre son essor, c'est le moment où les plantes ont besoin d'être excitées à végéter, et j'ai dit, on se le rappelle, que pour obtenir de beaux résultats, il fallait que les plantes atteignissent à leur plus grand développement avant de marquer leurs fruits. J'ai dit aussi qu'un hiver mal passé, qu'un arrêt momentané dans la végétation pouvaient être les causes d'une fructification prématurée. C'est cette fructification prématurée qu'il s'agit d'éviter, et on y parviendra en soutenant la végétation de l'hiver par une chaleur artificielle régulière et surtout chargée d'humidité, et en faisant jouir les plantes de toute la lumière possible du jour (1).

A la suite d'un hiver mou et d'une longue

---

(1) En parlant, à la fin de ce traité, des plantes supplémentaires que l'on peu cultiver dans une serre à Ananas, et des récoltes qu'on peut en obtenir, je ferai ressortir l'influence de la lumière sur les cultures forcés et généralement sur toutes les plantes forcées en hiver.

période de temps couvert, les premiers jours de soleil de la fin de février et du commencement de mars, sont quelquefois malfaisants pour les plantes. Elles ne sont plus habituées à la chaleur solaire, et ce sont celles surtout qui sont le plus espacées, ou qui ont été récemment retirées des bâches ou coffres où on les conserve l'hiver, pour être placées plus au large, qui sont plus exposées à être avariées. Il serait assez difficile de saisir les circonstances dans lesquelles se produit ce phénomène, car la chaleur et la lumière solaire de cette époque seraient aisément supportées par les plantes, en tout autre moment, mais il est constant que, si l'on n'y prend garde, des taches se forment alors au bas des feuilles, taches que l'on ne peut considérer comme des coups de soleil, car les feuilles qui en sont abritées se trouvent également atteintes. Ces taches sont quelquefois assez considérables pour embrasser toute la largeur de la feuille sur une longueur de 8 à 10 centimètres, et se développent souvent sur plusieurs feuilles à la fois de la même plante. On prévient cet accident en donnant assez d'air pour empêcher le thermomètre de monter au-dessus de 25 degrés pendant quelques jours.

Les bassinages ne produisent un bon effet qu'à la condition d'être opérés avec discernement, il faut savoir les distribuer et les supprimer à temps, et c'est le matin, deux heures au moins avant de donner de l'air qu'il convient de les faire, s'il y a lieu. Dans la saison d'hiver, il survient parfois des jours où le soleil se montre quelques instants, mais pas assez longtemps pour permettre d'introduire l'air dans la serre, c'est alors le cas de donner un léger bassinage. Il arrive encore un autre moment où les bassinages doivent être modifiés et c'est lorsque les plantes se disposent à la fructification, c'est-à-dire quand leur tige s'apprête à surgir du centre des feuilles. Dans cette circonstance, il faut éviter, autant que possible, de jeter de l'eau dans le cœur des plantes en cet état, mais il ne faut pourtant pas en priver les autres. La distinction sera facile à faire, car les feuilles des plantes en question marquent une tendance à s'abattre, le cœur s'ouvre et l'agglomération considérable des feuilles forme comme une espèce de petit réservoir. L'eau versée sur la plante ne peut plus s'écouler entièrement, elle est mêlée à une liqueur visqueuse sécrétée par le végétal, et produit comme une couche de peinture imperceptible qui, durcissant l'épiderme de la tige, concentre dans l'intérieur de cette tige une séve surabondante qui entraîne sa cassure au-dessous du fruit. L'instant où s'accomplit ce phénomène est très-difficile à saisir, la tige, subitement, sans éprouver aucune espèce de choc, se casse le plus souvent à moitié, et cette particularité fournit pour résultat un fruit difforme, par la raison que ce fruit ne reçoit de nourriture que par un côté de la tige. J'ai entendu et vu se produire un accident de ce genre, le fruit s'est entièrement détaché de la tige avec un petit bruit semblable à celui d'un corps qui éclate, il est tombé dans les feuilles absolument comme un bouchon mal assujetti tomberait du goulot d'une bouteille. Tout porte à croire que la cause que j'ai indiquée de cet effet est la véritable; mais ces accidents, quoique arrivant quelquefois, sont heureusement assez rares, et on peut le prévenir en ne laissant pas d'eau séjourner dans le cœur de la plante, quand on aperçoit le fruit. La variété dite du Montserrat et celle de l'Enville sont plus particulièrement sujettes à cet accident. On peut encore, dans le cas en question, si on aperçoit de l'eau dans le cœur de la plante, en verser avec un arrosoir à bec, une plus grande quantité afin de laver le fruit, que l'on débarrassera ensuite de la liqueur devenue visqueuse au moyen d'un tube aspirateur. J'ajouterai que l'accident ne se produit que lorsque la végétation est trop luxuriante, et qu'il n'est à redouter que lorsque les Ananas marquent fruit dans les grandes chaleurs. J'ai vu peu d'exemples de ce fait dans les cultures en pots, au reste toute plante qui a subi une avarie pareille peut être arrachée et remplacée par une des plantes qui sont en réserve.

A l'époque des grandes chaleurs, c'est toujours le soir, quand on est sur le point de supprimer l'air, qu'il faut donner les bassinages; et alors on doit non-seulement bien mouiller les feuilles des plantes, mais encore répandre de l'eau sur les chemins de la serre; cette eau se vaporise et charge d'humidité l'atmosphère intérieure. Quand une mouillure sera jugée nécessaire, on devra toujours la faire au moment où se donnent ordinairement les bassinages, et même elle tiendra lieu de ceux-ci.

En traitant de l'éducation des jeunes plantes, j'ai fait observer que l'aération de la serre devait être subordonnée au degré de chaleur du jour, je crois devoir faire de nouveau cette recommandation pour la serre dont nous nous occupons. On voit que sa surface vitrée est considérable et que, sans ombrage, pendant les grandes chaleurs, la température pourrait y être excessivement élevée, si la somme d'air n'était pas suffisante. On sait que la ligne des châssis supérieurs s'ouvre de deux un par le haut, en fournissant une ouverture maximum de 50 centimètres, et que les petits châssis verticaux du bas s'ouvrent aussi de deux un par la partie inférieure, en alternant avec les supérieurs ; relevés jusqu'à la position horizontale, ils peuvent donner une ouverture de 80 centimètres. La quantité d'air qui peut s'introduire par ces larges et nombreuses issues sera telle que, malgré l'ardeur du soleil de nos journées brûlantes d'été, la température intérieure de la serre différera peu de celle du dehors. Quant aux questions de chaleur, d'aération, de mouillures et de bassinages, il est impossible, on le comprend, de donner des mesures exactes jour par jour et époque par époque, car elles dépendent complétement des saisons et de l'état du temps. Si ces plantes ont été soignées comme je viens de l'indiquer, elles doivent être arrivées vers le 15 mai au point que nous cherchons à obtenir depuis longtemps, c'est-à-dire à un commencement de fructification visible dans certaines variétés, et qui sera en voie de progrès jusqu'au mois d'octobre.

Dès que l'on remarque des dispositions à la fructification, on doit enlever quelques feuilles à la base de chaque plante, et détruire aux aisselles de ces feuilles supprimées les œilletons qui se seront développés ou du moins les yeux qui pourraient leur donner naissance. On peut exécuter l'opération du dehors, pour le rang du devant, en ouvrant les petits châssis, et pour les trois autres rangs, en passant par le chemin de la serre et en se glissant sous les plantes avec beaucoup de précaution. On déchausse un peu le collet de chaque plante, on coupe d'abord la feuille à supprimer à quatre ou cinq centimètres du tronc, et l'on fend la portion qui reste adhérente à la plante; puis, tirant à droite et à gauche, ces portions de feuilles se détachent sans secousses. Après avoir ainsi dégagé le talon de la plante, on devra éteindre les yeux situés aux aisselles des feuilles supprimées, on coupera net ceux qui se seraient déjà développés, et l'on en conservera pour la reproduction un nombre suffisant, tant de ceux que l'on aura enlevés que de ceux qu'il serait possible de détacher dans cette position. On remplacera enfin la terre qu'on a retirée du pied de la plante par une certaine quantité de terre neuve. Celui qui fait ce travail doit avoir un aide pour le servir, et lorsqu'il aura opéré au-dessous des plantes de manière à supprimer tous les œilletons possibles, surtout ceux des variétés qui en développent beaucoup, il devra détacher des tiges en fer supérieures le fil de fer qui soutient les feuilles le long du chemin de la serre; il devra, pour compléter son opération, passer par le haut pour pénétrer dans la plantation, en plaçant les pieds sur de petites planches posées sur la terre, afin de couper ceux des œilletons que l'on jugerait nécessaires pour la reproduction. A cet effet on se sert d'un couteau à lame aiguë et bien affilée, on appuie d'une main sur l'œilleton pour l'écarter un peu de la plante, et de l'autre on le coupe aisément. On ne doit avoir recours à ce moyen que dans un cas urgent, c'est-à-dire lorsqu'on craint de n'avoir pas assez de jeunes plantes pour la reproduction. Si, enfin, ces œilletons étaient considérés comme inutiles, on se servirait pour les détruire de la pince fig. 7 ; en enfonçant, moitié ouvertes les mâchoires de l'outil entre les feuilles de la plante, on saisit l'œilleton par les deux côtés, on serre fortement les deux branches de la pince on tire à soi en impri-

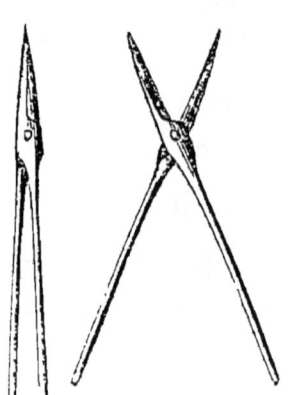

Fig. 7.

mant un mouvement de torsion à l'œilleton, et celui-ci se casse, sans dommage pour la plante, car son extraction ne laisse pas de plaie sur la tige. Si en retirant cet œilleton des mâchoires de l'outil on n'apercevait pas une portion de la tige, c'est qu'on n'aurait pas complétement détruit le cœur de l'œilleton, et pour y parvenir on n'aurait qu'à froisser fortement cette partie avec l'outil fermé. Dans la saison d'été, il faut supprimer tous les œilletons des plantes dont les fruits ne sont pas encore développés ; si on n'agissait pas ainsi, les variétés très-productives d'œilletons pourraient manquer l'époque de la fructification, et l'on perdrait par suite l'occasion d'obtenir de gros fruits.

A cette époque, la chaleur artificielle devenant inutile pour l'intérieur de la serre, on peut vider les tuyaux du haut en laissant couler l'eau dans les gouttières qui seules alors sont chauffées. Une bonne chaude peut même suffire par jour pour maintenir la chaleur de la terre, et si la température extérieure était assez élevée et assez régulière pour communiquer aux racines la chaleur voulue, on pourrait cesser de chauffer momentanément et tout à fait dans les mois de juillet, août et septembre.

On continuera les mêmes soins jusqu'à ce que les hampes des plantes soient développées et que les fruits aient commencé de se montrer ; c'est alors le moment de faire choix des œilletons que l'on doit conserver sur chaque plante pour la reproduction, et, comme je l'ai dit, il ne faut en laisser qu'un peu plus du nécessaire pour ne pas se trouver à court, en évitant de s'encombrer de plantes inutiles. On devra détruire, en les coupant avec beaucoup de légèreté, toutes les collerettes qui se développent sur la tige et principalement sous le fruit. Ces collerettes, quand elles sont jeunes, peuvent être détachées en appuyant dessus, mais il vaut mieux les couper avec un bon tranchant.

Quant aux œilletons que l'on doit laisser pour la reproduction, il faut faire choix de ceux qui se développent vers le milieu de la plante, et non pas tant de ceux qui offrent la plus belle apparence, que de ceux qui nuisent le moins aux fruits. Quand les fruits sont parvenus à peu près à la moitié de leur grosseur, on doit leur donner des tuteurs afin d'aider la tige à supporter leur charge. Cette précaution est des plus indispensables, car, autrement, le poids du fruit fait pencher la tige d'un côté ou d'un autre et quelquefois même entraîne sa rupture avant maturité de l'Ananas. Ces tuteurs doivent être assez solides pour pouvoir aider la plante à supporter une charge qui pourrait aller jusqu'à 5 kilogrammes ; on les prendra de préférence un peu courbes, de sorte qu'enfoncés dans la terre à 25 centimètres à peu près de la plante, ils approchent le fruit par leurs extrémités supérieures et le dépassent de 25 centimètres. On attache ensuite une petite ficelle de bonne qualité au tuteur, à 15 centimètres environ au-dessus du fruit, et conduisant ses deux bouts sous les premières feuilles de la couronne, on les joint ensemble par un nœud droit : cette disposition laisse une certaine latitude au fruit pour son développement, tout en supportant une partie de son poids. Lorsque la fructification en est venue à ce point, il faut bien se garder de tourmenter la plante et de lui faire la moindre suppression de feuilles ou d'œilletons, eût-on même tout disposé pour une plantation. Règle générale : tous les Ananas dont les fruits sont avancés seraient susceptibles de mûrir avant terme, si on leur faisait subir en ce moment une pareille opération.

Au fur et à mesure que les fruits paraîtront et suivant la précocité de chacune des variétés, on emploiera pour l'été les mêmes moyens et on continuera les mêmes soins.

Mais voici venir la fin de l'été et le commencement de l'automne, les fruits sont mûrs ou près de mûrir, les plantes dont on aura recolté les produits pourront être arrachées et remplacées par celles qui ont été conservées en pots, soit dans la bâche fig. 3, soit dans les coffres fig. 2, où nous les avons laissées en octobre. Sans égard pour telle ou telle variété, il convient dès ce moment de choisir les plantes destinées à remplacer celles dont les fruits se seraient développés récemment, ou qui montreraient une disposition à marquer fruit, car il est à désirer que ces remplaçants soient, autant que possible, à un degré d'avancement tel qu'on puisse espérer d'en débarrasser la serre qui les contient en même temps qu'arrivera la maturité des fruits des plantes qui ont particulièrement l'habitude de marquer fruit tard, d'autant plus que ce sont encore ceux-ci qui mettent le plus de temps pour mûrir. On pourra ainsi replanter la serre à neuf et y renouveler la terre entièrement.

Pour opérer le remplacement, il suffira d'enlever un carré de terre de 30 centimètres de large et de lui substituer une égale quantité de terre neuve pour y placer la plante nouvelle. Si le fruit de celle-ci est encore jeune, on enlèvera quelques feuilles à la base et on supprimera tous les œilletons ; la plante doit être dépotée avec précaution et replantée sans toucher le moins du monde à la motte. On garnira son pourtour de terre, en ayant soin de serrer cette terre de manière à ce qu'elle soit liée à l'ancienne, et de lui donner à la surface la forme d'un godet pour recevoir l'eau, car il ne faut pas oublier que cette plante aura besoin d'arrosements particuliers jusqu'à ce qu'elle ait émis des racines nouvelles qui l'attachent à la pleine terre. On voit donc que cette plante, pour quelque temps, doit être considérée, sous le rapport des mouillures, comme si elle était encore dans son pot, par la raison que toutes ses racines y étaient concentrées.

Nous arrivons ainsi à l'automne ; on connaît les effets de la décroissance des jours sur la végétation des plantes, et l'on sait que cette décroissance influe moins sur les jeunes plantes que sur celles qui ont en quelque sorte fini leur révolution végétative, révolution qui, pour ces dernières, se termine à la maturité des fruits. Mais, pour que ces fruits mûrissent en de bonnes conditions, dans les saisons d'automne et d'hiver, il est nécessaire que la végétation soit soutenue par des soins particuliers, car, autrement, les fruits pourraient bien mûrir avant terme, et par suite être complétement dépourvus de qualités. C'est donc vers la fin de l'été qu'il faut songer à l'époque dont nous parlons, au sujet de la suppression des œilletons; car ce qui était bienfaisant en été, devient pernicieux pour les saisons d'automne et d'hiver; à ce moment on peut encore supprimer quelques œilletons, mais il faut en laisser une certaine quantité pour entretenir la plante et l'exciter à végéter pendant l'hiver; on devra aussi enlever quelques feuilles à la base des plantes, mais seulement de celles dont les fruits sont encore jeunes, pour faire développer des racines, car ce sont ces nouvelles racines qui sont les plus propres à continuer la végétation.

J'ai dit plus haut qu'on pourrait supprimer le chauffage de la chambre chaude pendant les trois mois d'été, si, à cette époque, la température était assez élevée et assez régulière pour entretenir la chaleur voulue de la terre, ce que l'on constatera en consultant le thermomètre enfoncé dans la couche. Mais au commencement de l'automne, la nécessité du chauffage pourra peut-être se faire sentir; il devra être modéré, et une température de 25 degrés sera suffisante pour rétablir la chaleur artificielle de la terre. On continuera d'arroser les plantes pour entretenir l'humidité de la terre, et l'on donnera deux bassinages par jour, mais réduits à l'état de simple rosée.

Bientôt les couvertures de nuit vont devenir nécessaires, mais on n'en usera que la nuit seulement, ne couvrant que lorsqu'elle est venue et decouvrant à l'apparition du jour. Enfin arrivera le moment où il faudra recourir au chauffage pour entretenir les plantes dans une température de 20 à 25 degrés pour l'intérieur de la serre et de 25 à 30 degrés au plus pour la terre.

Dans toute culture d'Ananas, si importante et si bien entendue qu'elle soit, il peut arriver que quelques plantes, par l'effet d'un caprice de la nature, trompent notre attente et ne fructifient pas toujours à l'époque espérée. Ces plantes deviennent quelquefois montrueuses, et dans certaines variétés, celles surtout qui ont la propriété de développer beaucoup d'œilletons, la tige s'élève d'une façon démesurée, c'est ce qui arrive, par exemple, dans les variétés du Montserrat, de la Martinique, et Princesse de Russie. Si ces dernières avaient passé l'époque où l'on est en droit d'obtenir du fruit, et qu'il n'y ait pas même l'apparence de ce résultat, on devra les arracher et les mettre à cul nu pour opérer leur reprise en pots, en profitant du moment où les jeunes plantes sont levées de pleine terre. Toute plante réduite à cet état donne moins d'espérance qu'une belle et jeune plante.

Il n'en sera pas de même pour les plantes des autres variétés ; si quelques-unes venaient à manquer à l'époque dont il s'agit, il ne faudrait pas les arracher au moment de renouveler la plantation, mais on devrait soutenir les feuilles de chacune d'elles avec précaution, afin d'eviter de les casser ou de les froisser en changeant la terre. On laissera donc à ces plantes un carré de terre d'environ 50 centimètres de largeur, et après avoir enlevé toute la terre libre en dehors de cette réserve et l'avoir remplacée en se conformant aux principes et préparatifs de la première opération, toutes dispositions d'ailleurs étant prises pour la nouvelle plantation, on agira de la manière suivante : Chaque fois que l'on rencontrera dans un rang une plante ancienne, on retirera avec la main, à partir de la surface jusqu'à l'endroit où plongent les racines, en la ramenant au dehors toute la terre formant le carré laissé à chacune de ces plantes. On dénudera le bas de la tige de toutes les feuilles qui couvrent les mamelons tout prêts à se développer en racines, et l'on remplacera la terre que l'on vient d'enlever par une égale quantité de terre neuve, en observant de niveler celle-ci avec la portion voisine de la couche dans laquelle on va planter d'autres Ananas. Dans cette opération, une partie du tronc de la plante se trouvera probablement à découvert, après l'avoir mesurée et l'avoir agrandie de dix centimètres en plus, on coupera dans une planche ayant en largeur la mesure constatée quatre morceaux dont la longueur sera de 50 centimètres. Ces quatre planchettes seront réunies avec des clous de manière à former un cadre carré, dont trois des angles seront définitivement fixés et le quatrième laissé béant, mais prêt à être fermé à volonté, au moyen de clous enfoncés seulement dans le bois d'un des côtés. Ayant posé ce cadre sur la terre, en présentant sa partie suffisamment ouverte au pied de la plante, pour y introduire celle-ci, on joindra les deux côtés de l'angle ouvert en finissant d'enfoncer les clous, et l'on assoiera ce cadre carrément sur le sol, en ayant soin de faire occuper son milieu par la plante. On remplira ensuite le cadre de terre neuve, que l'on tassera suffisamment, en ménageant trois ou quatre centimètres de vide pour l'eau des arrosements. Après cela, on poursuivra la plantation des Ananas qui complètent le rang, et ainsi de suite, en renouvelant l'opération que je viens de décrire pour toutes les anciennes plantes que l'on rencontrera. J'ai dit, on se le rappellera, que si la serre fig. 5 était libre au moment de l'opération d'octobre, on pourrait, à cette époque, lever les plantes en mottes et les planter immédiatement, et je suis même parti de cette hypothèse pour l'établissement de ma culture. Mais si la serre n'avait été libre qu'en janvier, ou même qu'au commencement de février, on aurait dû faire la plantation avec des plantes qui auraient passé une partie de l'hiver dans la bâche fig. 3, et qui auraient été reprises en pots. Dans cette opération, on aurait dû enlever préalablement quelques feuilles à la base des plantes, et la plantation ainsi faite en dernier lieu aurait produit des résultats analogues ou à peu près à ceux d'une plantation faite à l'époque d'automne. Le renouvellement complet de la serre se faisant en même temps, on y emploiera, à cet effet, des plantes qui auront passé cette partie de l'hiver écoulé dans la bâche fig. 3. Il est bien entendu que les apprêts à faire subir à ces plantes et les soins à leur donner sont absolument les mêmes que pour la première plantation.

Fructification des Ananas en pots.

Comme on n'est pas toujours disposé à faire la dépense supplémentaire que nécessite la construction d'une serre pour faire fructifier les Ananas en pleine terre, il est bon de savoir qu'on peut également obtenir des résultats assez satisfaisants en les faisant fructifier en pots. Pour donner les quelques notions qui s'appliquent à ce mode de culture, je reprendrai les plantes au moment où je les ai laissées dans la bâche fig. 3 ou dans les coffres fig. 2, pour opérer leur reprise en pots, après une année de culture. Que la fructification doive avoir lieu en pleine terre ou en pots, le mode de culture, jusqu'à cette époque, est le même dans les deux cas.

J'ai dit que les soins à donner aux plantes, en ce moment, étaient les mêmes que ceux qu'elles ont dû recevoir pour passer l'hiver précédent; c'est donc dans cette position que nous allons les prendre, avant ou après l'hiver, pour les placer dans la serre fig. 4, en

Fig. 4.

Cette coupe de serre ayant été construite sur une échelle de 5 centimètres par mètre, a été réduite à 17 millimètres par mètre à cause du format.

supposant cette serre libre et débarrassée de tous les matériaux qu'elle pourrait contenir, si elle avait déjà servi à ce travail. Il faut encore supposer que nous avons eu l'intention de faire reprendre ces Ananas dans la position qu'ils occupent, position qui leur convient infiniment mieux que celle qu'on aurait pu leur donner, dans le même but, dans la serre fig. 4. Cette serre, ainsi que je l'ai déjà dit, peut subir des transformations qui la rendent propre à la culture en pleine terre, et dans ce nouvel état, elle peut aussi servir avantageusement pour la culture en pots.

Explication de la figure 4.

AA. — Mur en moellons.
B. — Mur en briques.
C. — Dalle en pierre.
D. — Chemin.
E. — Couche.
F. — Chevron.
GG. — Châssis.
HH. — Tablettes pour fraisier.
II. — Tuyaux du thermosiphon.
JJ. — Sol.

Pour faire comprendre les modifications à

apporter dans cette serre, je la prends telle qu'elle est, avec l'intention d'y placer les plantes vers le 15 du mois de décembre. Ce qui doit nous occuper en premier lieu, c'est la couche ; on doit lui donner 1 mètre d'épaisseur et la construire avec des matériaux susceptibles d'une fermentation longue et modérée. Ce serait là le cas d'employer des marcs de raisin, des fumiers de bergerie mêlés avec des feuilles qui sont très-communes et très-bonnes à cette époque de l'année. Cette couche, confectionnée dans les conditions déjà indiquées, sera chargée d'un lit de tannée, ou autres substances, d'une épaisseur de 25 à 30 centimètres, dans lequel on plongera les pots. Les châssis destinés à la couvrir, préalablement bien lavés, seront posés de manière à produire une fermeture hermétique, et à ne donner de l'air que lorsqu'il sera nécessaire. On couvrira la nuit, on chauffera la serre comme si les plantes y étaient déposées, et on pourrait même les y placer, dans un cas pressé; on se contenterait alors de poser les pots sur la tannée, sans les enfoncer; et comme ces plantes se trouvent provisoirement dans une bonne position, on attendra ainsi, pour les placer définitivement, qu'il n'y ait plus de danger de brûler les racines. Le moment propice arrivé, on choisira les plantes les plus fortes dont on puisse disposer pour garnir cette serre; il peut y contenir cinq rangs de plantes pour les conserver, mais pour leur faire marquer fruit, il ne faut en mettre que quatre rangs et les espacer sur la ligne à des intervalles de 75 centimètres. Les soins à donner à ces plantes sont les mêmes que ceux pour la culture en pleine terre, aux bassinages près, qui devront être un peu moins fréquents. Dans l'opération d'octobre, nous avons mis ces plantes dans des pots de 18 à 20 centimètres de diamètre; dans la fin de février, il faudra les rempoter dans des vases de 25 centimètres. Pour ce travail, il sera nécessaire d'avoir à sa disposition un endroit clos et couvert, et assez spacieux pour contenir toutes ces plantes, car il faut les sortir toutes de la serre. Voici la manière de procéder : Au moyen d'une ligature de paille ou de ficelle, on rassemblera les feuilles des plantes avec précaution pour ne pas les endommager, on en enlèvera quelques-unes à la base de la plante seulement pour découvrir les mamelons des racines prêtes à se développer, on supprimera tous les œilletons naissants aux aisselles des feuilles détachées, ainsi que tous ceux qui se seraient développés plus haut et que l'on pourra atteindre. Après avoir disposé des tessons minces sur les trous des pots, on versera par-dessus 3 ou 4 centimètres de terre, que l'on arrangera avec la main en la foulant un peu. Alors on dépotera la plante avec précaution pour ne pas endommager les racines, et, après avoir retiré de la motte les anciens tessons, on placera la plante au milieu du pot. Enfin, on introduira de la terre dans l'espace compris entre la motte et les parois intérieures du pot, et on la tassera avec le fouloir qui, dans cette opération, ne doit toucher que les parois du vase.

On profitera de la circonstance pour remanier la couche, si elle n'avait plus la chaleur voulue ou si elle en avait perdu une quantité trop notable. Pour cela, on retire tous les châssis, on relève toute la tannée que l'on dépose dans le sentier de la serre, puis, enlevant une portion des matériaux composant la couche dans l'un des bouts de la serre, c'est-à-dire une portion de la travée, ou largeur de la couche correspondant à celle d'un châssis, on les transporte près de l'autre bout de la serre, afin de les utiliser pour terminer cette couche. Celle-ci ne doit avoir au plus qu'une épaisseur de 45 à 50 centimètres ; il faudra donc, pour arriver à la hauteur qu'elle avait primitivement, enlever de cette travée une quantité de matériaux nécessaire pour obtenir ces 45 ou 50 centimètres de vide. On ne touchera pas au fond, qui conservera, par conséquent, une épaisseur de 50 à 55 centimètres, et on reconstruira la couche avec une partie de matériaux nouveaux, principalement de feuilles. On prendra dans la travée contiguë tout ce qu'il faudra lui enlever pour qu'elle soit vidée à la même profondeur que la première, et on agira de même pour la compléter; d'où il suit que le fond de l'ancienne couche restera intact dans toute sa longueur et dans toute sa largeur, et conservera une épaisseur de 55 ou 50 centimètres, suivant celle de la partie à remanier. Si les matériaux remaniés de l'ancienne couche avaient été desséchés par la fermentation, on jetterait sur cette couche une ou plusieurs voies d'eau par travée, même en la construisant, si le besoin s'en faisait sentir. On replacera la tannée, on l'égalisera et on en ajoutera même une certaine quantité, s'il y a lieu; on foulera le tout et on donnera un labour à la fourche pour mêler la nouvelle tannée avec l'ancienne, en nivelant la surface totale. On marchera dessus une seconde fois, on l'égalisera de nouveau, et on la laissera ainsi tassée parce que la charge du pot et de la plante pouvant la faire enfoncer plus qu'on ne voudrait, on risquerait de brûler des racines. La serre une fois recouverte, les plantes seront replacées dans le même ordre, en ayant soin de n'enfoncer les pots dans la tannée que jusqu'au tiers seulement. On donnera une mouillure à toutes les plantes, pot par pot, et l'on ne manquera pas de la renouveler chaque fois que l'on s'apercevra que la surface du sol est desséchée. Un ou plusieurs thermomètres seront disposés dans la tannée, pour indiquer le degré de température croissante ou décroissante de la couche, et lorsqu'on sera bien assuré que la tannée n'a plus les éléments nécessaires pour élever sa chaleur au-dessus de 35 degrés, on devra ressortir les plantes pour les replacer, et cette fois on enfoncera les pots jusqu'au cordon. On continuera les soins indiqués précédemment. Vers la fin de mai, quelques-unes de ces plantes auront probablement montré leurs fruits, et beaucoup d'autres dénoteront des dispositions semblables; c'est alors qu'il faudra les rempoter une troisième et dernière fois. Les plantes étant supposées très-fortes, on leur donnera des pots de 30 à 35 centimètres de diamètre, en ayant soin, pour ce dernier rempotage, quand il s'agit d'Ananas qui doivent fructifier en pots, de choisir ces pots très-profonds. En y réfléchissant, on comprend la nécessité de cette mesure, car on a dû remarquer qu'à chaque rempotage on retirait des feuilles à la base de la plante, qu'on en augmentait ainsi par le bas la hauteur de la tige, qui doit toujours être enterrée pour permettre aux racines de se développer. Ce troisième rempotage se fera absolument comme le précédent. Comme à cette époque nous entrons dans la saison d'été, ou à peu près, les couches conservent leur chaleur très-longtemps; si cependant elles s'étaient en partie par trop refroidies, on devrait remuer la tannée jusqu'au fumier, en ajouter même un tiers de neuve, mélanger le tout et replacer ensuite les plantes. Même soins que pour la culture en pleine terre.

De la maturité des fruits d'Ananas et des soins à leur donner avant de les servir sur la table.

La maturité d'un fruit d'Ananas est un point qu'il faut savoir saisir, car, indépendamment de sa forme, le fruit affecte une couleur particulière suivant la variété de la plante qui l'a produit. Cette couleur commence toujours à se montrer sur les grains de la partie inférieure du fruit, et c'est lorsqu'elle a envahi sa surface entière, que la maturité de l'Ananas est reconnue complète. Un Ananas de forme pyramidale, de grande dimension, peut être parfaitement mûr à sa base, bien que les grains de la portion supérieure soient encore d'une teinte verte. Si l'on voit le sirop sortir des grains du bas et que ceux-ci se colorent d'une teinte brune, il est temps de détacher le fruit de la plante, quoiqu'il y ait encore sous la couronne quelques grains d'une teinte verte. Un Ananas doit être détaché de la plante mère, de 4 à 6 jours avant d'être servi sur la table ; on coupe la tige à 3 ou 4 centimètres au-dessous du fruit, que l'on dépose dans un endroit sain, plutôt chaud que froid. La couronne doit rester adhérente au fruit jusqu'au moment de préparer celui-ci pour être servi sur la table. On sait que la tige de l'Ananas traverse le fruit et qu'elle fait pour ainsi dire corps avec lui, lorsqu'il est en état de maturité ; tant que ce fruit n'est pas coupé, la couronne puise sa nourriture dans la plante ; mais lorsqu'il est détaché, elle s'alimente des sucs contenus dans la portion de la tige qui traverse le fruit et lui enlève tous les sucs muqueux qu'elle peut encore contenir.

C'est ce qui explique la nécessité de laisser cette couronne adhérente au fruit jusqu'au moment de le servir. Pour détacher la couronne du fruit, prenant le fruit d'une main et la masse de le couronne de l'autre, on imprime aux deux parties un mouvement de torsion en sens inverse, et la couronne se détache immédiatement. Ensuite on pèle le fruit avec un couteau d'office bien affilé, de manière à enlever seulement l'épiderme des grains et en même temps et surtout les petites feuilles ou bractées des baies, car on sait que ces bractées sont munies d'epines qui pourraient piquer la bouche du consommateur. On coupe sur un plat le fruit épluché en rouelles de quelques millimètres d'epaisseur, on les dispose par ordre dans un compotier les unes sur les autres, en ayant soin de les saupoudrer à mesure de bon sucre râpé ; on couvre le compotier d'un couvercle en verre, pour empêcher l'évaporation du parfum et on laisse le tout dans cet état jusqu'au moment de servir ; il est important que l'Ananas soit ainsi préparé au moins une heure avant d'être présenté sur la table.

Insectes des Ananas.

Nous ne connaissons que deux insectes nuisibles aux Ananas; le premier est la cochenille blanche si commune sur les plantes de serre chaude; et le second, le plus redoutable, est celui qui est vulgairement connu sous le nom de pou des Ananas : c'est le même, je crois, qui s'attache aux Broméliacées et qui a été designé par le docteur Boisduval, le célèbre entomologiste, sous le nom de *Chermes Bromeliæ*. Quoique très-petit, puisqu'il est à peine visible à l'œil nu lorsqu'il est à l'état d'insecte parfait, il se multiplie si rapidement et en si grande abondance, quand il se trouve dans des circonstances favorables, que, si on n'avait soin de le détruire, il compromettrait la récolte des fruits, sans pourtant compromettre positivement l'existence de la plante. Je n'entreprendrai pas de le décrire, car je me suis moins attaché à son histoire qu'à sa destruction. D'après mes observations, cet insecte ne peut vivre ailleurs que sur les plantes et ne peut passer de l'une à l'autre que lorsque les feuilles se touchent et qu'il est arrivé à l'état d'insecte parfait. C'est alors qu'il sort de sa coque pour établir ailleurs son domicile, et il suffit à ce moment d'un choc éprouvé par la plante pouilleuse ou de l'agitation de l'air, pour qu'il profite de ce mode de translation pour passer d'une plante sur une autre et y établir sa progéniture. On voit donc qu'il serait dangereux de traverser une serre à Ananas contenant des plantes propres, avec une plante pouilleuse dans les mains, mais il n'y aurait rien à craindre si on avait à remplacer dans une serre des plantes pouilleuses par des plantes propres, à la condition que cette serre soit isolée, éloignée des plantes infectées, et pure des moindres vestiges de feuilles souillées. Cet insecte, paraît-il, serait naturel aux Ananas, car, dans les différents envois de plantes qui m'ont été faits des Indes, toutes ces plantes ou presque toutes en étaient plus ou moins urvues, et dans ce trajet l'insecte ne semait pas avoir plus souffert que la plante. ous avons plusieurs moyens d'atténuer le al qu'il peut faire, mais nous n'en connaisns qu'un seul pour le détruire complétement; ce dernier ne peut être employé que ur de petites plantes, des œilletons ou des uronnes.

En venant à Paris en 1832 pour créer un ablissement d'horticulture chez M. le prince asséna, je me vis à la tête de plusieurs millrs de plantes pouilleuses, et il me fallut ois années pour les assainir complétement; is que de temps et de soins pour obtenir ce sultat!

Dans les cultures d'autrefois, on était beauup plus incommodé par ces insectes qu'on le serait aujourd'hui; anciennement, en t, on cultivait les Ananas dans une temrature très-élevée et très-sèche, et c'est le qui est absolument nécessaire à ces intes; la chaleur humide, au contraire, n'est pas favorable à leur reproduction, les bassinages fréquents leur déplaisent et les forcent à s'établir plutôt dessous que dessus les feuilles.

Nous n'avons pas de poux dans nos cultures et n'admettons dans leur sein aucune plante étrangère quelconque avant d'avoir acquis la certitude qu'elle est parfaitement propre. Nous ne reprenons même pas les couronnes des fruits que nous avons vendus, crainte qu'elles n'aient séjourné chez des marchands en contact avec des plantes infectées.

Voici maintenant les moyens à employer pour tirer parti des plantes pouilleuses, pour se débarrasser complétement des insectes sans pourtant sacrifier les plantes. Nous supposons, par exemple, aux mois de juin et juillet, être dans la possibilité de faire, en ce moment la récolte des œilletons et couronnes, en quantité suffisante pour les besoins de la culture, on devra réunir tous ces œilletons, couronnes et autres petites plantes, quand bien même elles seraient entièrement couvertes de poux, et les placer dans une serre tempérée encore couverte ou pouvant se recouvrir de châssis. On arrangera ces plantes les unes contre les autres sur les tablettes d'un gradin, et on les laissera au moins une quinzaine de jours en cet état, on leur donnera grand air le jour et on fermera la nuit. Si, au moment de mettre ces plantes dans cette position, elles avaient des feuilles tendres, on les ombrerait pendant deux ou trois jours, pour les empêcher d'être tachées par le soleil avant qu'elles ne soient un peu desséchées; au bout de trois jours elles pourront supporter le soleil.

Le but de cette opération, comme il est facile de le comprendre, est de dessécher les plantes de manière à les amener à un état tel qu'elles puissent supporter un bain d'eau pure assez chaude pour détruire tous les poux d'un seul coup. Rien n'est plus commode pour cette opération qu'une baignoire portant avec elle son fourneau; on chauffe le bain à 55 degrés centigrades, température que l'on constate au moyen d'un bon thermomètre, et l'on se munit d'une espèce de couvercle en planches minces, taillé de façon qu'il puisse entrer dans la baignoire. Le bain chauffé au degré voulu, on agite l'eau en tous sens pour bien uniformiser sa température, et l'on y plonge promptement les plantes par petites brassées, en observant de n'en mettre à la fois qu'une quantité convenable pour ne pas trop refroidir le bain. On pose ensuite le couvercle sur ces plantes, en le chargeant assez pour qu'elles soient complétement baignées, et on les laisse ainsi 12 à 15 minutes au plus. L'opération doit être faite avec la plus grande célérité possible, car les plantes ne doivent pas rester dans le bain plus longtemps les unes que les autres ; on les retire avec une rapidité égale, et on les pose sur des tablettes disposées sur un plan incliné pour les égoutter et sécher. Quelques-unes de ces plantes seront peut-être endommagées à la suite de l'opération, mais on ne devra pas s'en effrayer, car il vaut mieux en perdre un certain nombre que de conserver un seul pou vivant. Il est bien entendu qu'on aura préparé d'avance une couche pour y placer les plantes en pots, à la suite de cette opération. Cette couche doit être considérée comme le milieu d'une culture nouvelle, et être assez éloignée des autres plantations, jusqu'à ce qu'on soit débarrassé par la fructification des plantes sales qui n'ont pas été soumises au traitement ci-dessus. On comprendra qu'il ne serait pas possible de faire subir une pareille opération à de fortes plantes, car elles en seraient par trop endommagées; aussi employons-nous pour celles-ci des moyens atténuants, afin de les amener à la fructification, en nous réservant d'opérer plus tard sur leurs œilletons et couronnes comme nous venons de l'indiquer.

Il serait possible à celui qui n'élèverait qu'une petite quantité d'Ananas et qui les cultiverait en pots de se débarrasser des insectes, au prix d'une grande persévérance et de soins assidus, ainsi qu'à la condition formelle de visiter minutieusement ses plantes tous les 5 ou 6 jours, pendant un certain temps, pour détruire ces insectes à mesure qu'ils paraissent et avant qu'ils ne soient en état de se reproduire. J'ai employé ce moyen, il m'a parfaitement réussi, mais j'avais eu soin de réunir auparavant dans une serre séparée les plantes qui étaient les moins infectées. Je suis arrivé ainsi à former une serre de plantes propres, qui, par la suite, m'ont servi à la reproduction ; mais, je le répète, que de soins et de précautions pour obtenir ce résultat !

Quand on a une grande quantité de plantes à soigner, il faut employer pour détacher les insectes des feuilles une petite brosse de peintre en bâtiment, appelée brosse à réchampir. Après avoir donné à cette brosse une forme pointue avec des ciseaux, et l'avoir réduite ainsi à l'état de brosse en partie usée, on la trempe dans une dissolution de savon noir faite dans les proportions de 500 grammes de savon pour 10 litres d'eau. On détache les poux avec cette brosse ainsi imprégnée, en enfonçant même la partie pointue dans les aisselles des feuilles ; l'eau de savon a la propriété de détruire presque tous les petits insectes qui sont à l'état d'insectes parfaits, c'est-à-dire ceux qui respirent, et pour cela il est indispensable que le liquide atteigne leurs organes respiratoires ; mais contre l'insecte qui a formé sa coque et qui n'en est pas détaché, la dissolution est complétement inefficace. On comprend que, pour faire cette opération, la plante doit se trouver en pot, afin de pouvoir bien l'examiner en la tournant dans tous les sens.

De cet exposé découle la nécessité de recommencer ce travail assez souvent pour pouvoir amener à bonne fin la récolte des fruits; toutefois quand ceux-ci sont arrivés au terme de leur maturité, à un mois ou peu de chose près, il vaudrait mieux ne pas toucher aux plantes, par la raison que ce dérangement entraîne un froissement des feuilles, un balancement de la tige suivi de secousses qui pourraient occasionner une fructification prématurée. Du reste, pour des plantes en cet état de développement l'opération serait inutile, puisque nous nous proposons de faire subir le bain chaud aux œilletons et couronnes, et qu'il importe peu, par conséquent, qu'ils soient plus ou moins infectés de poux.

Si, dans une serre où l'on cultive les Ananas en pleine terre, on s'apercevait trop tard de la présence des insectes en question, engendrés par une circonstance imprévue, il ne serait pas possible, on le comprend, d'examiner ces plantes dans tous les sens et de les nettoyer à l'eau de savon; on aura toujours la ressource du bain chaud pour les œilletons. On peut cependant leur appliquer le moyen suivant : On fait un mélange, par poids égaux, de fleur de soufre et de fenugrec en poudre, et, après avoir mouillé les plantes avec une pompe-seringue dans toutes leurs parties, on projette sur les feuilles et sur la tige la composition avec un soufflet à soufrer la vigne, en ayant soin d'en insuffler une quantité suffisante pour en recouvrir d'une couche toutes les surfaces, tant inférieures que supérieures. Ce mélange, je crois, agit à la fois chimiquement et mécaniquement : chimiquement, par l'action du soufre; mécaniquement, par l'action d'une espèce de croûte ou peinture inattaquable par les petits insectes et qui est le résultat de la combinaison du gluten du fenugrec avec l'eau et le soufre.

Note sur la culture forcée des fraisiers de haute primeur considérés comme produits supplémentaires à obtenir dans les serres à Ananas.

Dans une serre à Ananas, sans nuire aucunement à cette culture spéciale, on peut obtenir des produits supplémentaires par une bonne récolte de fraises à la fin de l'hiver et au commencement du printemps. On peut également, suivant la position des serres, faire venir des raisins sur les murs de derrière, planter dans le chemin, au pied du mur, des plants de vanille qui réussissent parfaitement, et même y placer des vignes et des figuiers en pots, quand il y a des vides. Les figures 4 et 5 montrent l'emplacement où peuvent être disposées des tablettes pour faire la récolte des fraises, et j'appuie sur ces derniers mots, car les fraisiers doivent avoir été élevés, préparés dans le potager et avoir même passé fleur avant que d'être placés sur les tablettes de la serre à Ananas.

Les variétés de fraises les plus recommandables pour cette culture sont les suivantes : pour la première saison, F. Marguerite Lebreton et F. des Alpes ou des quatre-saisons ; pour la seconde, F. Vicomtesse Héricart de Thury et F. Princesse Royale ; enfin pour la dernière, F. Victoria Trolopp et F. Sir Harry, et plusieurs autres encore qu'on pourrait également forcer. Pour préparer, élever des fraisiers, et les forcer sous le climat de Paris, il convient en premier lieu de mettre en état, vers la fin de février, une planche de bon terrain encore vierge de toute plantation de fraisiers. On tracera à sa surface deux lignes seulement à une distance calculée pour ne recevoir que deux rangs de fraisiers, provenant d'un beau et bon plant, et qu'on aura eu le soin de lever à la houlette pour conserver à chacun une petite motte. Ces fraisiers seront plantés en ligne à 50 centimètres les uns des autres, car, étant destinés à constituer le plant, ils doivent avoir de la place pour étendre leurs filets ou coulants, et être entretenus en bon état de culture. On supprimera tous les montants à fleurs, pour ne leur laisser porter aucuns fruits et exciter d'autant les filets à se développer. A la fin de juin, ou vers le commencement de juillet, suivant la précocité de l'année, les filets couvriront une partie de la surface du terrain, et, vers le 10 juillet, on répandra sur la moitié de cette planche une petite quantité de terreau fin avec un panier à passer la terre, ou, à défaut de panier, avec une bourriche. Ensuite on donnera une bonne mouillure que l'on répétera journellement, et au bout de cinq ou six jours tous les filets auront pris racine. Pendant ce temps on prépare le terrain pour la plantation de ces fraisiers en pépinière, et comme c'est de cette pépinière qu'ils seront levés à l'automne pour être mis en pots, il est nécessaire qu'ils acquièrent un accroissement rapide. Dans ce but, on choisira un terrain qui n'ait pas servi depuis longtemps à la culture des fraises, on le labourera avec soin, et après l'avoir purgé de toutes les concrétions terreuses et de toutes les pierres, afin de faciliter à l'automne la levée des plantes avec leurs mottes, on en hersera la surface avec la fourche. Si ce terrain est léger de sa nature, on le foulera avec les pieds, comme dans le cas d'un semis quelconque, et après avoir donné un coup de râteau pour bien égaliser sa surface, et répandu sur celle-ci 1 ou 2 centimètres de terreau, on y tracera des rangs à 25 centimètres de distance pour y planter en ligne les fraisiers à 25 centimètres les uns des autres. Cette plantation doit être faite du 15 au 25 juillet au plus tard, en apportant les plus grands soins à son exécution; on se livrera à ce travail le matin ou le soir seulement, si le ciel est clair, et pendant toute la durée du jour, si le temps est couvert et pluvieux, car il est facile de comprendre que le plant soigné comme je viens de l'indiquer doit avoir des racines excessivement tendres et fragiles, dont la reprise pourrait être retardée par le moindre coup d'air ou de soleil, ce qui suffirait pour compromettre la réussite de la culture. Les plants, au contraire, replantés aussitôt qu'arrachés n'ont pas le temps de se faner, ou se fanent du moins assez peu pour qu'il en résulte le moindre dommage. On mettra deux plants par touffe, et à la plantation de chaque touffe, avant d'enfoncer le plantoir dans la terre, on écartera le terreau pour éviter qu'il ne tombe sur les racines en bornant le fraisier, et on ramènera ensuite ce terreau autour de la plante pour couvrir le sol. On arrosera pied par pied pour la première fois seulement, puis on bassinera plusieurs fois le jour, et on ombrerait avec des toiles ou paillassons supportés par des gaulettes, si on remarquait que les feuilles se fanent trop.

Pour l'autre portion de la planche, on peut employer, pour la totalité ou pour une partie, un autre procédé qui n'est autre que celui du couchage : il consiste à enterrer de petits pots de 4 à 6 centimètres de diamètre dans la direction des filets, à les emplir de terre et à coucher dans chaque pot deux plants, en serrant la terre autour. On arrose immédiatement, la reprise s'effectue très-promptement, et les racines continuent de pousser sans temps d'arrêt dans la végétation. Vers la fin de juillet, on peut retirer de terre tous ces petits pots en sevrant les plants, et planter dans la pépinière les plantes qu'ils contiennent, après les avoir dépotées en leur conservant soigneusement leurs mottes. Tous ces fraisiers bien repris, il suffira de les arroser le soir, tous les deux jours, lorsque le temps est chaud et sec, de les sarcler et de supprimer les coulants à mesure de leur apparition. Ces derniers soins s'appliquent également aux deux procédés de multiplication.

Dans la dernière quinzaine d'octobre, on lèvera tous ces fraisiers en mottes pour les empoter dans des pots de 18 à 19 centimètres de diamètre, avec une terre préparée à cet effet. Dans nos cultures, nous composons cette terre de la manière suivante : 1/3 terre de bruyère ayant déjà servi à l'éducation des Ananas, 1/3 terreau bien consommé et 1/3 terre franche bien mélangée. On lève les plants à la bêche avec précaution, on diminue les mottes à la main, de façon que le pot puisse contenir moitié terre du compost, et on arrose immédiatement. On place ensuite tous ces pots sur le sol, les uns contre les autres, en les enfermant dans un coffre à melons, afin de pouvoir les couvrir de châssis pendant l'hiver, mais à son début seulement, pour les abriter des grandes gelées, principalement des neiges et même du soleil. En effet, il faut que ces fraisiers subissent un hivernage, il est bon que la terre des pots soit saisie par la gelée, mais il importe surtout d'éviter que cette terre ne dégèle le jour par l'action du soleil, pour être surprise de nouveau par la gelée la nuit. On pare à ces brusques transitions en répandant une légère quantité de feuilles sur les châssis : la neige quelquefois remplit les mêmes fonctions.

Pour obtenir dans une serre à Ananas une récolte de fraises la meilleure possible, il convient, pour les premières saisons, que les fraisiers aient passé fleur, c'est-à-dire qu'ils aient leurs fraises nouées avant que d'être placés dans la serre. Au moment de leur floraison, ils exigent des soins qu'on ne peut leur donner dans la serre à Ananas. Une fois enfermés, il n'y a plus rien à faire; ils doivent s'accommoder de la température que l'on crée pour les Ananas, température qui leur convient au reste parfaitement, quand les fraises sont nouées. La fécondation des fraisiers ne pouvant donc s'accomplir dans la serre, ou ne s'y accomplissant qu'accidentellement ou d'une manière imparfaite, on doit au moins, si on n'a pas de bâche spéciale pour les faire fleurir, leur faire passer fleur sur les tablettes d'une serre tempérée ou sous châssis, posés sur une vieille couche enfermée dans un coffre garni à son pourtour de réchauds ou accots, et que l'on aura soin de couvrir de paillassons la nuit, mais la nuit seulement.

Si l'on avait à sa disposition une bâche du modèle représenté en coupe fig. 8, pour préparer des fraisiers pour les serres à Ananas ou pour en récolter les fruits dans la bâche même, on destinerait spécialement cette bâche à la culture des fraises de haute primeur.

Afin de démontrer l'utilité de cette bâche, je me vois absolument forcé d'entrer dans quelques-uns des détails minutieux qui caractérisent les cultures forcées. L'horticulteur qui n'aurait pas su se rendre compte des bons effets de la végétation à l'air libre ne saurait guère avoir l'espoir de réussir dans la culture forcée, car où *peut-on puiser* les connaissances nécessaires à ce mode de culture, si ce n'est, pour le dire en quelques mots, dans l'observation de la *nature même*, et dans la reproduction par un climat factice des bons effets dont je parlais plus haut? La production de la chaleur n'est, à mon avis, qu'une pure question d'argent, puisque nous pouvons obtenir, au moyen du thermosiphon non-seulement toutes les températures désirables, mais encore des atmosphères sèches ou humides à divers degrés. Mais il n'en est pas de même de l'air et de la lumière ; sans ces deux agents, pas de végétation robuste et complète ; supprimez leur action, et vous n'obtiendrez qu'une végétation languissante et pâle, les tiges seront molles et sans consistance, et les fleurs décolorées perdront leurs teintes génériques, au point de devenir complétement blanches, de rouges et violettes qu'elles étaient naturellement, tout en n'offrant plus les caractères d'une organisation complète pour la reproduction des plantes. Le primeuriste pourra toujours, sans la moindre difficulté, obtenir la floraison de ses plantes, mais les faire fleurir pour la fructification n'est pas chose aussi facile ; il faut, en effet, pour cela que les fleurs soient complètes, c'est-à-dire qu'elles offrent dans de bonnes conditions tous les organes nécessaires à la reproduction. Il me suffira de citer un seul fait de culture à l'air libre pour appuyer mon raisonnement et bien faire comprendre la nécessité absolue de l'air et de la lumière pour la fructification. Prenons des arbres fruitiers, par exemple, et examinons les boutons à fruits qui naissent dans une partie de l'arbre confusément chargée de bois et de bourgeons; nous remarquerons que ces boutons sont toujours mal constitués, qu'ils donnent en s'épanouissant des fleurs maigres et décolorées, et qu'enfin les fruits qui en proviennent sont toujours verts et aqueux, sans aucune qualité.

Sans être positivement spécialiste en horticulture, car je me suis occupé de toutes ses branches, je me suis pourtant plus particulièrement appliqué à l'éducation des Ananas et à la culture forcée, en m'attachant surtout à donner à mes produits la couleur et la saveur qui se rapprochent le plus, autant que possible, de celles qu'ils ont dans la saison naturelle de leur maturité. Il est, selon moi, beaucoup plus facile de décolorer les plantes en les forçant que de leur donner la couleur et l'aspect qu'elles ont naturellement.

Ma profession de primeuriste m'a poussé à faire beaucoup d'expériences à ce point de vue, et j'ai reconnu que c'était en donnant la plus grande quantité d'air possible, et en multipliant la lumière, qu'on pouvait approcher du but. Les plantes sont tellement avides de lumière, qu'elles la convoitent et la recherchent au point de choisir le chemin le plus court pour en jouir. Ce besoin de lumière est pour elles impérieux, et pour m'en convaincre, j'ai fait pousser à dessein des plantes dans l'obscurité, en ménageant des jours aux deux extrémités du local qui les contenait ; on voyait chacune de ces plantes dirigeant sa tige vers le point lumineux qui lui paraissait le plus proche et leur point milieu se trouvait parfaitement défini par les deux sens de direction des tiges qui, les unes, couraient à droite et les autres à gauche vers ce rayon de lumière, qui était pour elles le soleil.

Si nous avions le moyen de remplacer la lumière du soleil ou de prolonger suffisamment sa durée, après le coucher ou avant le lever de l'astre à l'horizon, nous n'aurions plus d'hiver et nous obtiendrions des récoltes de toutes sortes en toutes saisons. Quand je vis, pour la première fois, la lumière électrique, je fus frappé de son éclat si comparable à celui de la lumière du soleil et je me demandai si on ne pourrait pas l'utiliser pour les cultures forcées, en la multipliant avec des réflecteurs. Ayant l'intention d'en faire l'essai, je m'adressai à un opticien, fabricant d'appareils électriques, mais je fus tellement effrayé par le prix élevé de la construction et de l'entretien de ces appareils, que j'abandonnai aussitôt mon idée d'expérimentation.

AA. Poteaux enfoncés en terre.
BB. Planches attachées sur les poteaux et formant les côtés de la bâche.
  C. Crémaillère supportant les tablettes sur sur lesquelles on pose les fraisiers.
  D. Tablettes.
EE. Tuyaux du thermosiphon.
  F. Support des tuyaux.
  G. Barre supportant le châssis.
  H. Châssis.

Pour revenir à mon sujet, la bâche fig. 8 peut être construite en bois ou en briques ;

DES FRAISIERS. 227

dans les deux cas, elle doit être entourée d'un

Fig. 8.

accot de feuilles ou de fumier recuit, et la surface du terrain constituant le fond de la bâche sera recouverte d'une légère couche de sable maigre, pour assainir le sol, et ne lui laisser que l'humidité nécessaire, surtout quand les fraisiers sont en fleurs. Si cette bâche est construite pour recevoir des châssis ordinaires, comme la représente la coupe fig. 8, on disposera cinq tablettes, sur chacune desquelles on placera cinq pots de fraisiers dans la largeur d'un châssis, ce qui fait, par conséquent, vingt-cinq pots pour la surface totale de chaque châssis. En outre, chacun des pots sera posé sur une petite soucoupe, destinée à recueillir l'eau qui pourrait s'échapper par le trou du pot, car, en consultant la fig. 8, on remarquera que les tuyaux du thermosiphon, étant placés sous le gradin, pourraient recevoir l'eau non absorbée par la terre des fraisiers, et la réduire en vapeur, ce qui serait très-nuisible pour la floraison des plantes.

Cette bâche, quelle que soit sa capacité, doit être garnie en quatre fois, à partir de la tiblette du haut; on commencera ce travail vers le 10 décembre pour l'avoir terminé le 25. Si l'on avait à sa disposition une certaine quantité de fraisiers, on pourrait commencer un peu plus tôt, mais la réussite ne serait pas aussi certaine, car il arrive quelquefois qu'en trop se hâtant, les montants des fraisiers ne se développent pas. On chauffera l'appareil pour obtenir seulement une température de 6 à 10 degrés au début, on couvrira de paillassons la nuit venue et l'on découvrira à l'apparition du jour, par n'importe quel temps. On comprend que pour pouvoir découvrir par tous les temps à cette époque, il est indispensable que l'appareil de chauffage soit déjà en plein fonctionnement; il faudra donc allumer le feu une heure au moins avant le jour, en se basant sur l'état du temps pendant la journée pour continuer ou non de chauffer. Toutefois, ayant cessé le feu par suite d'un temps assez beau, on devra toujours chauffer de nouveau vers trois heures de l'après-midi pour pouvoir laisser les châssis découverts jusqu'à la nuit. On voit donc que le chauffage est plus nécessaire le jour que la nuit, et que son utilité véritable est de pouvoir faire jouir les plantes de toute la lumière du jour. On est rarement obligé de chauffer pendant la nuit, car on peut augmenter le nombre de couvertures, et la nuit pour les plantes est la même, que la bâche soit couverte d'un simple paillasson ou de quatre superposés.

On augmentera progressivement la chaleur dès qu'on verra la végétation prendre de l'activité; on profitera de l'instant le plus favorable du jour pour façonner à la main la terre de la surface des pots, supprimer quelques-unes des vieilles feuilles et arroser les plantes qui en auraient besoin. C'est à ce moment qu'il faudra commencer à donner un peu d'air dans le milieu de la journée, même en l'absence du soleil, et surtout si le thermomètre extérieur était au-dessus de zéro. C'est à partir de cette époque que les soins à donner à nos fraisiers vont devenir plus sérieux, car les montants à fleurs vont incessamment paraître, et il sera urgent de supprimer entièrement ou en bonne partie les vieilles feuilles pour faire tout à fait place aux nouvelles qui s'étioleraient si on ne leur donnait pas assez d'air. Il faut donc leur en donner autant que possible, le soleil même ne paraissant pas, et c'est le cas d'utiliser le chauffage pour entretenir la chaleur et de soulever les châssis de deux un, par le haut, au moyen de cales de 3 à 5 centimètres et plus, si le temps le permet, en les laissant ainsi ouverts le plus longtemps possible, si la température de l'intérieur se maintient à 10 ou 12 degrés. C'est en ce moment où les fleurs s'épanouissent ou sont près de s'épanouir, que les arrosements et l'air peuvent compromettre ou assurer la récolte ; c'est aussi en ce moment que l'horticulteur doit mettre tous ses soins à amener les fleurs à l'état propice pour la fécondation. On sait que chez les plantes, c'est le pollen ou poussière fécondante des étamines des fleurs qui accomplit ce mystère, en se répandant sur les pistils ou stigmates; il importe donc que cette poussière existe sur les fleurs, car on sait aussi que toutes les fleurs non fécondées ne donnent pas de fruits. On devra donc procéder aux arrosements avec un arrosoir ou avec un entonnoir à long tube, de façon à ne mouiller ni fleurs, ni feuilles et en évitant de verser de l'eau dans la bâche, par la raison que cette eau formerait de la vapeur qui viendrait s'attacher, sous forme de rosée, sur les étamines, et par suite compromettre la fécondation; il faut donc ne verser tout juste que l'eau nécessaire pour entretenir la terre des pots assez humide pour que la végétation continue. Si des jours de soleil venaient à coïncider avec le moment de la floraison, on en profiterait pour donner beaucoup d'air, ne serait-ce qu'un instant, et pour établir surtout un courant d'air si la chose était possible et permettre même aux abeilles d'y entrer quand elles sortent de la ruche.

Au fur et à mesure que les plantes auront

quelques fraises nouées, on les casera sur les tablettes de la serre à Ananas, en ayant soin de poser, comme auparavant, les pots sur des soucoupes; car, sans cette précaution, on pourrait salir les Ananas en arrosant les fraisiers. L'humidité qui leur était nuisible à cause de la fécondation devient alors très-nécessaire, l'acarus, grise des jardiniers, se développerait en abondance à cause de la sécheresse et compromettrait la récolte. Il convient donc de donner de fréquents bassinages, et surtout en dessous des feuilles, afin d'éviter cet inconvénient et pour faire grossir les fruits. On profite de cette circonstance pour éplucher les fraisiers qui restent dans la bâche, dont on complète les tablettes supérieures avec les plantes qui sont au-dessous. On supprime les plantes dont les fruits n'auraient pas réussi, et on remplace le tout par d'autres pots venant du dehors. En préparant ainsi les fraisiers, on peut obtenir quelquefois jusqu'à quatre récoltes dans la serre à Ananas et faire la dernière dans la bâche même.

Il est bien entendu que tous ces soins s'appliquent aux premières saisons et qu'à mesure que l'on avance dans l'année la culture devient de plus en plus facile.

Tous les fraisiers chauffés en pot donnent, lorsqu'ils sont remis en pleine terre, une autre récolte après ceux qui produisent naturellement leurs fruits en pleine terre et à l'air libre.

N'ayant pas eu l'intention de traiter à fond la culture du fraisier de primeur, je crois devoir m'arrêter ici et borner à ce que j'ai dit mes explications à ce sujet.

ON TROUVE :

A LA LIBRAIRIE D'HORTICULTURE DE E. DONNAUD
9, rue Cassette, 9

L'HORTICULTEUR FRANÇAIS

DE 1851

JOURNAL DES AMATEURS ET DES INTÉRÊTS HORTICOLES

Paraissant du 5 au 10 de chaque mois.

PRIX DE L'ABONNEMENT :
- PARIS . . . . . 10 fr. par an.
- DÉPARTEMENTS 11 fr. —
- ÉTRANGER . . . 15 fr. —

L'abonnement part du 1er janvier de chaque année. — On ne s'abonne pas pour moins d'une année. — Envoyer un mandat sur la poste au nom de E. Donnaud.

LE

NOUVEAU JARDINIER

ILLUSTRÉ

1 vol. grand in-18 jésus de **1800** pages

PAR

MM. F. HÉRINCQ
ALPH. LAVALLÉE — L. NEUMANN — B. VERLOT — COURTOIS-GÉRARD
CELS — J.-B. VERLOT — PAVARD — BUREL.

Avec plus de 500 dessins intercalés dans le texte.

Prix : broché, 7 fr.; — cartonné, 8 fr.; — relié, 9 fr.

Paris. — Imprimerie horticole de E. DONNAUD, rue Cassette, 9.

www.ingramcontent.com/pod-product-compliance
Lightning Source LLC
Chambersburg PA
CBHW070532170426
43200CB00011B/2397